안먹는아이
잘먹는아이

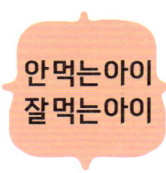

안 먹는 아이 잘 먹는 아이

1판 1쇄 찍은날 2017년 5월 11일
1판 1쇄 펴낸날 2017년 5월 17일

지은이 한영신 · 박수화
펴낸이 정종호
펴낸곳 (주)청어람미디어

편집 홍선영
디자인 이원우
마케팅 김상기
제작·관리 정수진
인쇄·제본 서정바인텍

등록 1998년 12월 8일 제22-1469호
주소 03908 서울시 마포구 월드컵북로 375, 402호
블로그 http://chungarammedia.com
전화 02)3143-4006~8
팩스 02)3143-4003

ISBN 979-11-5871-046-0 13590

잘못된 책은 구입하신 서점에서 바꾸어 드립니다. 값은 뒤표지에 있습니다.

이 도서의 국립중앙도서관 출판예정도서목록(CIP)은 서지정보유통지원시스템 홈페이지(http://seoji.nl.go.kr)와
국가자료공동목록시스템(http://www.nl.go.kr/kolisnet)에서 이용하실 수 있습니다.
(CIP제어번호 : CIP2017010401)

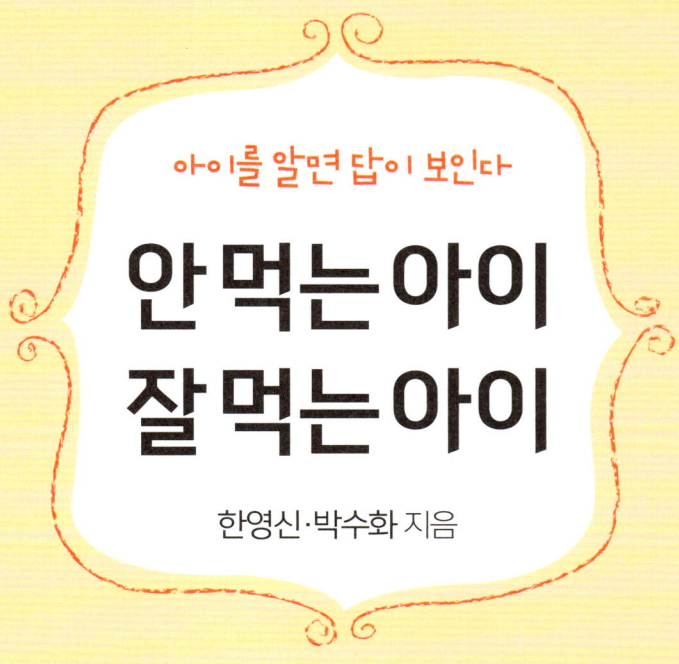

아이를 알면 답이 보인다

안 먹는 아이 잘 먹는 아이

한영신·박수화 지음

안 먹는 영유아의 행동별 유형 체크와 맞춤 해법 A to Z

청어람Life

하루 세 번
아이와의 식사시간이 행복한가요?

엄마는 하루에 세 번 아이의 음식을 준비하고 먹이는 데 적어도 대여섯 시간은 보냅니다. 메뉴를 결정하고, 장을 보고, 재료 준비를 하는 시간까지 합하면 그보다 더 많은 시간과 노력이 필요하지요. 그래도 아이가 잘 먹고, 잘 웃고, 잘 노는 모습을 보면 모든 수고스러움과 고됨을 잊습니다.

하지만 만약 아이가 잘 먹지 않는다면요? 모든 엄마가 아이와 함께하는 식사시간이 즐거울까요? 모든 아이가 엄마와 함께하는 식사시간이 즐거울까요? 아마도 잘 먹지 않는, 안 먹는 아이를 둔 엄마와 먹기 싫은 아이에게는 그렇지 않은 시간일 겁니다. 먹지 않으려 하는 아이와 한 수저라도 더 먹이고 싶은 엄마 사이에 실랑이가 오가는 시간이 될 테니까요.

아이를 처음 품에 안았을 때를 기억해보세요. 태어난 아이의 작고 여린 손을 처음 잡은 순간 부모는 누구나 무언의 다짐 같은 것을 하게 됩니다. 그러나 막상 육아를 시작하면 많은 일이 서툴고 어렵지요. 머리로 아는 육아지식과 실제 육아생활에 큰 차이가 느껴지기 시작합니다. 아이를 키우는 것이 생각처럼 쉽지 않다는 것을 경험하는 것이죠.

　모유나 분유를 떼고 이유식을 시작하는 시기도 마찬가지입니다. 열심히 준비한 음식을 아이가 잘 먹을 때는 "잘 먹는 것만 봐도 배가 부르다"는 어르신들의 말씀이 무슨 뜻인지 공감이 되지요. 하지만 많은 경우 이 감동의 식사시간이 아이와 한바탕 치러내야 하는 전쟁 같은 시간으로 바뀝니다. 왜 그럴까요? 아이는 왜 자꾸 먹는 걸 꺼리고 뱉어내고 잘 안 먹는 걸까요? 억지로 먹여도 보고 아이를 따라다니면서 먹여도 보지만 엄마의 노력을 아이는 아는지 모르는지 상황은 좀처럼 달라지지 않습니다.

　서점에 나가 보면 '좋은 부모'가 되는 방법을 소개한 책은 많습니다. 아이를 잘 먹이기 위해 아이가 좋아하는 이유식에는 어떤 것이 있는지 어떻게 만드는지 등에 관한 다양한 정보를 소개하지요. 마치 여행을 떠나기 전 낯선 여행지의 정보를 담은 안내서처럼요. 하지만 이 책은 육아라는 새로운 여행에서, 특히 안 먹는 아이로 고민하는 부모에게 조금 더 근원적인 부분을 이야기하고 있습니다. 우리 아이가 골고루 잘 먹고 건강하게 성장할 수 있게 도울 수 있는 엄마의 육아, 아이와 엄마가 식사시간을 통해 성숙해가는 과정을 안내합니다. 이 책의 여행 목적지는 안 먹는 아이가 잘 먹는 아이로 변하는 것입니다.

　아이가 어릴수록 바르게 먹는 것은 매우 중요합니다. 먹는 것은 건강과 신체 발달, 정서 발달과 직결되기 때문이지요. 게다가 어릴 적 식습관은 평생을 가기 때문에 아이의 평생 건강에도 큰 영향을 끼칩니다. 의사 표현이 아직 서툰 어린아이들은 자신의 문제를 엄마에게 이해시킬 수 없습니다. 대신 음식을 거부하는 것으로 자신의 의사를 표현합니다. 그래서 아이의 식습관과 연관된 문제는 원인을 알아내기가 쉽지 않습니다. 혹시 찾아

낸다 하더라도 어떻게 해결해야 할지 방법을 모르는 경우가 대부분입니다. 많은 부모가 겉으로 보이는 행동으로만 아이의 문제를 파악하고 자칫 다 안다고 속단하거나, 문제를 인정하지 않고 회피해 상황을 악화시키는 것 같습니다. 아이의 영양과 건강을 챙기고 육아를 경험한 전문가로서 안타깝게도 이런 상황을 주변에서 자주 봅니다. 안 먹는 아이의 특성을 이해하고 식행동 문제를 개선하는 데 효과적으로 접근하는 방법을 연구해온 저희가 《안 먹는 아이 잘 먹는 아이》를 소개하게 된 이유가 바로 여기에 있습니다.

이 책은 여러분에게 우리 아이가 왜 안 먹는지 그 이유를 찾아내는 스킬, 아이의 문제를 개선하기 위해 어떻게 접근해야 좋은지, 또 효과적인 해결 방법은 무엇인지, 그리고 현명한 엄마의 자세와 태도 등을 알려주는 나침반이 될 것입니다. 엄마가 원인을 바로 알면 아이의 문제를 해결할 방법을 찾을 수 있고 아이를 건강하게 키울 수 있습니다.

자, 그 이야기를 시작하겠습니다.

2017년 5월
한영신, 박수화

차례

프롤로그 | 하루 세 번 아이와의 식사시간이 행복한가요? · 5

제 1 장 **아이가 안 먹어요!**
― 아이의 식사시간을 즐겁고 행복하게 만드는 엄마의 비법

안 먹는 아이로 고민하는 부모 · 14
아이가 듣는 상황에서는 '잘 먹는 아이'라고 말해주세요 · 16
세 가지만 지키면 아이와 함께 하는 식사가 즐거워져요 · 17

제 2 장 **우리 아이, 왜 안 먹는 걸까요?**
― 안 먹는 아이의 6가지 유형 체크와 유형별 Q & A

안 먹는 아이의 유형 찾기 · 26

 【유형 1】 질환과 관련된 유형 · 28
아프거나, 아프고 난 후 안 먹는 아이 · 29
아이가 아픈 건 아닌지 살펴보세요 · 29
아프고 난 후 아직 회복 중이라 식욕이 없어요 · 31

 【유형 2】 섭취량 유형 · 34
배가 고프지 않다며 안 먹는 아이 · 35
수유량을 체크하고 조절하세요 · 35
간식량을 체크하고 조절하세요 · 38

섭취량 유형 Q&A · 39

Baby's Case 1 잘 먹지 않아 잘 때 먹여요 · 39

Baby's Case 2 밤에 안 깨고 잘 자던 아이가 자다가 젖을 찾아요 · 40

Baby's Case 3 젖병을 떼고 컵으로 마셔야 하는데 젖병을 끊기가 힘들어요 · 41

Baby's Case 4 당 함유 음료를 많이 마셔요 · 42

Baby's Case 5 간식을 자주 찾고 많이 먹어요 · 43

【유형 3】맛·냄새·질감 유형 · 46

맛이 없다고 안 먹는 아이 · 47

이유식은 영양만이 아니라 맛도 중요해요 · 48

맛을 느끼는 곳은 뇌예요 · 52

맛과 연관된 좋은 경험들이 편식을 예방해요 · 53

맛·냄새·질감 유형 Q&A · 56

Baby's Case 1 쓴맛 채소를 싫어해요 · 56

Baby's Case 2 쓴맛 채소죽을 거부해요 · 59

Baby's Case 3 쓴맛과 냄새 피망을 먹지 않아요 · 61

Baby's Case 4 짠맛 간을 한 음식만 먹으려고 하는데 음식에 간을 해도 되나요? · 62

Baby's Case 5 신맛 신 과일을 먹지 않아요 · 64

Baby's Case 6 단맛 단맛 음식을 너무 좋아해요 · 66

Baby's Case 7 냄새 고기를 먹지 않아요 / 우유를 먹지 않아요 · 67

Baby's Case 8 냄새 콩을 싫어해요 / 잡곡을 싫어해요 · 69

Baby's Case 9 냄새 생선을 싫어해요 · 70

Baby's Case 10 냄새 조개나 굴 등 해산물을 먹지 않아요 · 72

Baby's Case 11 냄새 파, 오이를 먹지 않아요 · 72

Baby's Case 12 냄새와 질감 생채소를 먹지 않아요 · 73

Baby's Case 13 질감 다른 채소는 먹는데 버섯은 안 먹어요 · 74

【유형 4】 발달 유형 · 76

씹고 삼키기 어려워 안 먹는 아이 · 77
혹시 먹여주는 부모인가요? · 78
씹고 삼키는 능력은 근육이 발달하는 과정이에요 · 79
음식을 잘 씹고 잘 삼키려면 지속적인 훈련이 필요해요 · 81
너무 늦게 이유식을 시작하면 음식을 잘 씹지 못하는 아이가 돼요 · 82
아기 때 씹기 훈련이 부족하면 유아기 비만에도 영향을 끼쳐요 · 84

발달 유형 Q&A · 86
Baby's Case 1 씹기 고기 씹는 것을 힘들어해요 / 질긴 채소를 못 씹어요 · 86
Baby's Case 2 씹기 만 4세가 지났는데도 질긴 음식은 못 먹어요 · 87
Baby's Case 3 씹기 생후 18개월까지 젖병만 빨아서 씹기 훈련이 잘 안 돼요 · 88
Baby's Case 4 씹기 음식을 씹지 않고 삼켜요 · 90
Baby's Case 5 삼키기 고기를 삼키기 힘들어하고 자꾸 뱉어내요 · 90
Baby's Case 6 삼키기 밥을 국이나 물에 말아 먹어요 · 91

【유형 5】 기질 유형 · 94

까다로워서 안 먹는 아이 · 96
아이마다 행동양식이 다른 건 기질이 달라서 그래요 · 96
먼저 엄마가 아이의 기질을 잘 알아야 해요 · 96
아이와 싸우지 마세요 · 104

기질 유형 Q&A · 106
Baby's Case 1 활동성이 높고 호기심이 많은 유형
　　　　　　　한자리에 앉아서는 잘 먹지 않고 돌아다니면서 먹어요 · 106
Baby's Case 2 활동성이 높고 호기심이 많은 유형
　　　　　　　TV나 스마트폰을 보여주어야 자리에 앉아서 먹어요 · 107

Baby's Case 3 활동성이 높고 호기심이 많은 유형
　　　먹는 것에 관심이 없고 돌아다니기만 해요 · 108

Baby's Case 4 생체리듬이 불규칙한 유형
　　　배고파하지 않고 식사량 편차가 심해요 · 109

Baby's Case 5 새로운 것에 대한 시도가 어려운 유형
　　　처음 본 음식을 잘 먹으려 들지 않고 먹던 음식만 먹으려 해요 · 110

Baby's Case 6 새로운 것에 대한 시도가 어려운 유형
　　　채소 먹는 것을 겁내는 것 같아요 / 조개나 버섯을 징그러워해요 · 112

Baby's Case 7 감각이 예민한 유형
　　　아이가 너무 예민해요 · 113

Baby's Case 8 감각이 예민한 유형
　　　입이 짧아 많이 먹지 않아요 · 115

Baby's Case 9 의사 표현이 강하고 좋고 싫음이 분명한 유형
　　　고집이 너무 세요 · 116

Baby's Case 10 의사 표현이 강하고 좋고 싫음이 분명한 유형
　　　밥이나 반찬만, 혹은 우유 등 좋아하는 것만 먹으려 해요 · 118

Baby's Case 11 천천히 반응하는 유형
　　　항상 안겨 있어요 / 너무 소심해서 새로운 시도를 하기 힘들어해요 · 119

Baby's Case 12 천천히 반응하는 유형
　　　먹기는 하는데 너무 오랫동안 먹어요 / 너무 오래 씹어요 · 121

【유형 6】 양육 유형 · 124

엄마와 아이의 오해로 안 먹는 아이 · 126

엄마가 몰랐던 엄마의 양육 유형 – 엄마에 의해 변하는 아이들 · 127
부모의 양육 태도에 따라 아이가 달라져요 · 128

양육 유형 Q&A · 130

Mom's Case 1 아기가 잘 먹을 수 있게 엄마가 먹여주고 음식 종류도 선택해요 · 130

Mom's Case 2 더 먹이려고 아이를 살짝 속이는 방법을 써요 · 131

Mom's Case 3 먹지 않아 억지로 먹였더니 아이가 수저를 보면 싫어해요 · 133

Mom's Case 4 아이가 먹으면서 흘리거나 어지럽히면 계속 치우고, 어지럽히면
안 된다고 가르쳐요 · 134

Mom's Case 5 엄마가 먹는 것에 관심이 없어서 아기에게 즐겁게 먹는 모습을
보여준 적이 거의 없어요 · 136

Mom's Case 6 아이와 서로 맞지 않아 심한 갈등을 겪으며 충돌해요 · 137

Mom's Case 7 아이가 식사시간 자체를 싫어해요 / 아이가 밥 먹는 데 1~2시간 이상
걸려서 늘 재촉해요 · 138

Mom's Case 8 아이에게 먹일 일만 생각하면 두렵고 미칠 것 같아요 · 140

Mom's Case 9 가족 간에 아이 식사에 대한 의견이 너무 다르고, 양육 방법에 관해
생각이 달라요 · 141

에필로그 | 부모는 아이의 든든한 지원자예요 · 143

부록 | 아이를 위해 엄마가 알아야 할 영양 상식 · 149

    1. 건강한 생활을 위한 필수 영양소 · 150

    2. 균형 잡힌 영양 섭취를 위한 식품 선택법 · 152

    3. 어린이에게 부족하기 쉬운 중요 영양소 · 155

        칼슘 155 · 철분 156 · 아연 157 · 비타민A 158 · 엽산 159

    4. 우리 몸에 꼭 필요하지만 주의해야 할 소금과 나트륨 · 160

제1장

아이가 안 먹어요!
아이의 식사시간을 즐겁고 행복하게 만드는 엄마의 비법

안 먹는 아이로 고민하는 부모

안 먹는 아이로 걱정하는 부모라면 아래에 소개한 내용들을 얼마나 지키고 있는지 체크해보세요. 부모가 이 원칙들만 잘 지켜도 아이와 행복한 식사시간을 보내고, 아이에게 좋은 식습관을 만들어줄 수 있습니다.

안 먹는 아이를 잘 먹게 하는 방법

첫째, 아이가 듣고 있는 상황에서는 '잘 먹는 아이'라고 말해주세요.

둘째, 아이의 마음과 행동 방식을 존중하고 잘 먹을 때까지 기다리는 여유를 가지세요.

셋째, 아이가 식사할 때 이것만은 꼭 지켜주세요.
　① 아이 혼자 식사하지 않도록 배려한다.
　② 식사시간 전후로 아이와 재밌는 시간을 보내준다.
　③ 정해진 시간과 장소에서 식사한다.
　④ 아이에게 칭찬을 자주한다.
　⑤ 아이가 먹고 있을 때는 잔소리나 지시하는 말은 삼간다.
　⑥ 꼭꼭 씹어 먹는 습관을 들여준다.
　⑦ 가족이 곁에 있다는 걸 느끼게 해준다.
　⑧ 식사와 간식 계획표를 만들고 계획에 따른다.

"부모는 자식이 잘 먹는 것만 봐도 배가 부르다"고들 합니다. 부모 마음은 자녀의 나이가 많든 적든 마찬가지입니다. 영유아기의 아이를 둔 부모라면 그 마음이 더 크겠지요. 하루하루 신기할 정도로 성장하고 변하는 아이인지라 한 끼 식사량에도 민감해지고, 작은 기침 소리에도 덜컥하는 게 부모 마음입니다. 특히나 아이가 안 먹으면 걱정이 이만저만이 아니죠. 잘 먹는 만큼 잘 자라고 건강하니 안 먹는 것에 대한 걱정은 어쩌면 당연한 일인지도 모릅니다.

안 먹는 아이로 고민하는 부모가 우리 주변에 꽤 많은 거 같습니다. 실제로 이를 조사한 결과가 있습니다. 영유아 부모 8,360명에게 "아이가 잘 먹고 있나요? 먹는 것에 관련해 어떤 문제가 있나요?"라고 물었더니 응답자 가운데 약 80%가 충분히 잘 먹고 까다롭지 않다고 답한 반면, 약 20%는 "아이가 충분히 먹지 않고, 먹는 것에 있어 까다롭다"고 답했다고 합니다. "아이가 음식을 가린다"라고 답한 부모도 약 45%에 달했습니다.

다시 말해 영유아 부모 5명 중 1명은 아이가 잘 먹지 않아서, 2명 중 1명

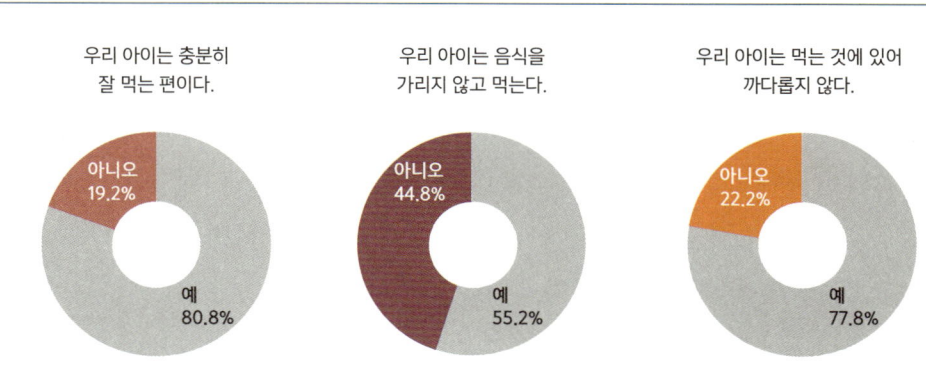

(출처: 2015년 서울시 편식사업 자료, 영유아 부모 8,360명 대상 조사)

은 아이가 골고루 먹지 않는다고 답한 것입니다.

아이가 안 먹는 데는 이유가 있습니다. 그리고 모든 아이가 같은 이유로 잘 안 먹는 것이 아니고 아이마다 이유도 유형도 다릅니다. 이 책에서는 아이의 문제를 유형별로 구분하고 각 유형에 맞는 해결 방법을 하나하나 알려드릴 겁니다. 하지만 그에 앞서 부모들이 아이의 먹는 것에 관련해 자주 하는 실수로는 어떤 것들이 있는지를 살펴보겠습니다. 그리고 가정에서 아이와 행복하게 식사하고 좋은 식사 습관을 형성할 수 있는 기본 육아법도 몇 가지 소개하겠습니다.

아이가 듣는 상황에서는 '잘 먹는 아이'라고 말해주세요

아이가 잘 안 먹는 것 같다는 생각이 들면 부모는 아주 쉽게 "아이가 잘 먹지 않는다"라고 속단합니다. "왜 이렇게 안 먹니?"라고 직접 아이에게 묻기도 하고, 아이가 듣는 앞에서 다른 사람에게 "우리 아이는 너무 안 먹어요"라고 말하기도 합니다.

물론 아이의 건강에 나쁜 영향을 줄까 걱정이 앞서서 그런 것이겠지만, 부모의 이런 행동은 좋지 않은 결과로 나타날 수 있습니다. 아이에게 "잘 먹지 않는다"라고 말하는 순간 아이에게 '잘 안 먹는 아이'라는 이름표를 붙이는 것이 됩니다. 아이는 이 말을 듣는 순간 자신을 그런 아이로 생각하고 그렇게 행동할 경향이 커집니다.

늘 맛있게 많이 먹으면 좋겠지만, 어른들도 한결같이 입맛이 좋고 잘 먹는 것은 아니라는 걸 생각하면 아이들도 어떤 이유로든 먹기 싫을 때가 있

> **Advice For Mom 잘 먹는 아이들의 특징**
>
> 1 신체 상태가 건강하다.
> 2 수면이 규칙적이다.
> 3 간식시간이 일정하고 칼로리 높은 음식은 제한적으로 먹는다.
> 4 식사 전 활동량이 많다.
> 5 일과가 규칙적이다.
> 6 식사활동이 규칙적이다. 함께 식사하는 사람이 일정하고 같은 장소에서 먹는다. 같은 색깔이나 같은 종류의 그릇, 컵, 식기류를 사용한다.
> 7 제한된 선택권이 있다. 부모가 몇 가지 음식을 제시하고 아이는 그중에 자신이 먹고 싶은 음식을 선택한다.

을 겁니다. 성급하게 '잘 안 먹는 아이'라고 단정적으로 말하기보다는 잘 먹는 음식을 찾아보세요.

세 가지만 지키면 아이와 함께 하는 식사가 즐거워져요

식사시간은 단지 음식을 먹기만 하는 시간이 아니라 함께 먹는 사람과 공감하는 시간이기도 합니다. 아이는 보호자와 함께 음식을 먹는 동안 정서적인 교감을 나눕니다. 눈빛을 주고받고 서로의 행동에 반응을 보입니다. 따라서 함께 식사하는 동안 무엇보다 중요한 것은 아이와 긍정적인 상호작용을 하며 서로 교감을 잘하고 있는가입니다. 부모는 아이가 식사를 즐거운 사건 중 하나로 받아들이고 보호자와 보내는 행복한 순간이라고 느낄 수 있도록 해주어야 합니다.

물론 아이와 부모가 먹는 문제로 갈등이 생기는 순간이 있습니다. 더 먹이고 싶어서 "한 번 더", "조금만 더"를 외치는 부모 앞에서 아이는 야속하게도 고개를 쌩 돌리거나 입을 꼭 다물어버립니다. 이럴 때 아이의 고집을 꺾고 억지로 먹이려고 아이와 한참을 씨름하는 분들이 있습니다. 이럴 때 아이를 이기려고 하지 마세요. 아이가 음식을 먹지 않으려고 엄마와 부딪히는 이런 순간이 아이의 특성을 파악할 수 있는 좋은 기회입니다. 아이가 왜 음식을 거부하는지 아이의 마음을 읽으려 노력하고, 식사시간 때 부모의 태도는 어떠했는지를 돌이켜보는 시간이 되어야 합니다.

첫째, 아이의 마음과 행동 방식을 존중해주세요

아이가 원하는 식사 방식이나 식사량이 부모가 기대하는 방법이나 양과 큰 차이가 나더라도 어느 정도는 아이가 원하는 대로 만족할 수 있게 허용해주세요. 여기에는 부모가 아이의 먹는 문제에 관해 장기적인 계획을 세우고 일관성 있게 끌어가는 힘이 필요합니다.

먹는 문제를 강요로 해결하면 아이와 좋은 관계를 형성하고 유지하기가 어렵습니다. 어른들의 생각이 무조건 옳다고 주장하는 것은 아이에게 자칫 상처가 될 수 있습니다. 간혹 부모가 알고 있는 음식에 대한 정보가 틀릴 수도 있고요. 아이와의 관계를 수직 관계가 아닌 수평 관계로 이해하려고 노력해보세요.

둘째, 여유를 가지세요

부모가 보기에는 잘 먹지 않아 큰 걱정이겠지만, 신체적으로 큰 문제가 없는 아이라면 실제로는 건강에 별문제 없이 잘 자라고 있는 경우가 대부분입니다. 사실 1~2주간 잘 먹지 않는다든가, 1~2개월 조금 덜 먹는 것은 건강에 유해한 문제를 만들지 않을 가능성이 큽니다. 조바심을 내지 말고 여유를 가지세요. 아이가 잘 먹지 않는 상황에서 부모가 조력자 역할을 잘하려면 여유가 있어야 합니다. 그래야 아이의 상황을 잘 이해하고 해결책을 찾을 수 있지요.

현재 눈에 보이는 문제점의 반 이상은 시간이 해결해주는 것들입니다. 오늘의 아이는 지난달, 아니 지난주의 아이와는 분명 다릅니다. 몸무게가 한 달 전과 같을지는 모르지만, 생각과 마음은 훌쩍훌쩍 자라고 있습니다. 새로운 맛과 질감, 냄새를 가진 음식을 접한 아이의 반응 또한 매일매일 달라지고 있고요. 새로운 음식을 먹어본 오늘의 재밌고 즐거운 식사 경험이 아이의 먹는 행동을 단번에 긍정적으로 변화시키는 열쇠가 되기도 합니다.

셋째, 식사와 관련해 원칙을 세우고 지켜주세요

아이는 엄마 아빠의 신체적인 특징뿐 아니라 기질도 많이 닮습니다. 따라서 닮은 기질이 많은 부모가 아이의 문제도 가장 잘 이해할 수 있겠지요. 특히 식성이나 생활습관은 성장하면서 부모의 생활에서 많은 영향을 받습니다. 밥상머리 교육이라는 말도 있지요. 얼핏 사소해 보일 수 있는 식사시간이 자녀 교육에 큰 역할을 합니다. 어려서부터 올바른 식습관을 만들려면 부모와 아이가 함께 지켜야 할 몇 가지 '원칙(Rule)'을 정하고 지켜주세요. 부모가 좋은 식습관을 가지고 있어야 아이에게도 좋은 식습관을 만들어줄 수 있다는 점을 기억하시고요.

① 혼자 식사하지 않게 해주세요

아이가 혼자 식사하지 않게 해주세요. 엄마가 가사 시간을 아낀다고 아이가 밥 먹을 때 설거지하고, 반찬을 준비하고, 분주히 다니면 아이는 '식사시간에 돌아다녀도 되는구나!' 생각하고 엄마의 행동을 따라 합니다.

식사시간은 부모가 아이에게 음식을 맛있게 먹는 모습을 보여주는 시간이기도 합니다. 젓가락으로 반찬을 집어 입안에 넣고 꼭꼭 씹어 먹는 모습을 보여주는 것도 좋은 교육이 됩니다. 그리고 아이와 눈을 맞추고 자주 웃어주세요. 아이가 어떤 음식을 좋아하는지, 잘 씹는지, 잘 삼키는지 살펴보세요. 식사 중에는 아이의 동영상 시청도 금해야 합니다. 잊지 마세요! 동영상을 보는 것보다 부모와 함께 하는 식사가 더 재미있는 일이 되어야 합니다.

② 식사시간 전후로 아이와 재밌는 시간을 보내주세요

식사 전과 후의 좋은 기억은 식사시간에 대한 긍정적인 기억 형성에 도움이 됩니다. 어른도 식사 전이나 직후에 안 좋은 일이 생기면 식욕이 떨어지거나 소화가 잘 안 되죠. 아이들도 마찬가지입니다. 식사 전후 시간이 즐겁지 않으면 먹는 것에 대해 안 좋은 감정이 생길 수 있습니다. 잊지 마세요! 식사시간을 즐겁게 기다리고 배불리 먹은 후엔 소화가 잘될 수 있도록 아이와 재미있게 놀아주세요.

③ 식사는 정해진 시간과 장소에서 하세요

오래 앉아서 2시간이든, 3시간이든 무조건 아이가 먹기를 기다리는 엄마가 있습니다. 그러지 마세요. 식사시간은 30분 전후가 적당합니다. 아이가 밥을 먹으면서 자꾸 딴짓을 해서 식사시간이 길어지면 적정 시간 이후에는 식탁을 정리하고 다음 식사시간까지 간식은 건너뛰세요. 그리고 이유식을 시작하면 정해진 자리에서 규칙적으로 식사하는 습관을 가질 수 있게 아이에게 맞는 의자를 따로 준비해주세요. '저 자리는 밥 먹는 자리' 하고 기억할 수 있게요. 잊지 마세요! 정해진 시간 안에 같은 장소에서 식사하는 습관을 만들어주세요.

④ 자주 칭찬해주세요

'포상'은 아이를 설득하는 효과적인 방법 중 하나입니다. 과한 포상보다는 칭찬 스티커를 준다거나, 구체적으로 이유를 설명하며 칭찬하는 것이 좋습니다. "우리 ○○(이)가 시금치를 먹었으니 더 튼튼해지겠구나!", "우리 ○○(이)가 칼슘이 많은 멸치를 먹었으니 뼈가 단단해지겠는걸!", "우리 ○○(이)가 잘 먹는 것을 보니 요리한 엄마가 정말 뿌듯하구나!" 등의 말을 아끼지 말고 해주세요. 칭찬으로 엄마의 감정을 표현하는 방식은 아이와의 관계를 개선하는 데도 도움을 줍니다. 칭찬할 때 머리를 쓰다듬거나 엉덩이를 토닥토닥해주세요. 엄지 척을 하고 환하게 웃어 보이면 좋겠죠. 잊지 마세요! 고래도 춤추게 한다는 칭찬은 우리 아이에게 더 필요합니다.

⑤ 먹고 있을 때는 잔소리나 지시하는 투의 말을 아끼세요

아이에게 너무 많은 요구를 하지 마세요. 잔소리나 지시로 들려 오히려 독이 됩니다. 아이는 아직 엄마의 말뜻을 잘 이해하지 못합니다. 그래서 너무 자주 지시를 하면 오히려 부모의 말을 무시하기도 하죠. 한두 가지 외에는 지시하는 말을 아끼세요. 엄마가 아이의 먹는 문제에 덜 반응할수록 문제 행동은 줄어듭니다. 잊지 마세요! 아이를 격려하는 몇 마디 말이 아이를 긍정적으로 바꿉니다.

⑥ 꼭꼭 씹어 먹는 습관을 들여주세요

음식을 입에 넣고 씹지 않거나 뱉어내는 아이라면 혹시 엄마가 한 번에 너무 많은 양을 먹이는 건 아닌지, 음식이 질긴 건 아닌지 체크해야 합니다. 그렇지 않다면 씹기 훈련, 질감에 대한 적응 훈련이 제대로 안 되어 그럴 수도 있습니다. 씹고 삼키는 훈련의 기본은 먼저 엄마가 음식을 꼭꼭 씹어 먹는 모습을 보여주는 것입니다. 잊지 마세요! 음식을 꼭꼭 씹어 먹는 게 얼마나 재미있는지, 식사시간이 즐거운 놀이시간이 될 수 있다는 걸 아이가 느낄 수 있게 해주세요.

⑦ 가족이 곁에 있다는 걸 느끼게 해주세요

'식사'는 '문화'입니다. 아이에게 식사시간은 하루를 시작하고 정리할 때 가족이 모여 이야기를 나누고 서로 애정을 표현하는 따뜻한 시간이 되어야 합니다. 가족과 함께 식사하며 식사 예절을 익히고, 어른들에게 지혜를 배울 수 있는 자리라면 더 좋겠지요. 잊지 마세요! 식사시간은 혼자만의 시간이 아니라 대화와 웃음이 있는 가족의 소중한 시간임을 느끼게 주세요.

⑧ 식사와 간식 계획표를 만들고 지켜주세요

아이에게 식사문제가 있다면 먼저 아이와 함께 식사와 간식 계획표를 만들어보세요. 메뉴뿐 아니라 시간과 양도 정하면 좋습니다. 규칙적인 생활을 하면 아이들은 언제, 어디서, 무슨 일을 하게 될지 미리 알고 상황에 잘 적응합니다.

  최소한 기상시간, 식사시간, 간식시간, 목욕시간, 취침시간 정도는 함께 정하고 지켜주세요. 잊지 마세요! 시간 규칙을 정하고 계획대로 잘 실천하는 생활습관도 잘 먹는 아이로 성장하는 데 영향을 준답니다.

제2장

우리 아이, 왜 안 먹는 걸까요?

안 먹는 아이의 6가지 유형 체크와 유형별 Q&A

안 먹는 아이의 유형 찾기

아이가 잘 먹지 않거나 안 먹어서 병원을 찾거나 인터넷에서 해결 방법을 찾아보려고 하지만 안 먹는 문제를 해결할 효과적인 방법을 찾기란 그리 쉽지 않습니다.
"어떤 부모는 인터넷에서 또래 엄마들이 해주는 조언을 따랐더니 해결되었다고 하는데, 왜 우리 아이에게는 같은 방법을 써도 아무 효과가 없을까요?"라고 묻는 부모들이 있습니다.
그 이유는 아이마다 먹지 않는 이유가 다르기 때문입니다. 이유가 다르면 그에 따른 해결 방법도 달라져야 하는데, 무턱대고 다른 부모의 방법만 따라 하니 아이가 변하지 않는 것은 당연합니다. 그래서 지금 우리 아이가 어떤 이유로 무슨 원인으로 안 먹는지부터 살펴보는 게 중요합니다. 그러고 난 후 이유에 따라 적절한 해결 방법이 무엇인지 찾아야 합니다.
이 책에서는 아이의 안 먹는 이유를 6가지로 구분해 유형별 Q&A로 해결 방법을 제시했습니다. 먼저 오른쪽에 있는 도표의 문항을 읽고 Yes 혹은 No로 답을 하며 화살표를 따라가 보세요. 그러면 아이가 어느 유형에 속하는지 알 수 있습니다. 그러고 난 후 각각의 사례를 읽고 행동을 교정해보세요. 그동안의 문제가 해결되고 잘 먹는 아이로 변하는 걸 경험하게 될 거예요. 유형을 잘 모르겠다면 이 책을 처음부터 끝까지 읽어보세요. 아이뿐 아니라 엄마의 양육 유형도 참고하면 안 먹는 아이를 잘 먹는 아이로 변하게 도울 수 있는 방법이 보일 거예요.

다음의 각 문항을 읽고 Yes, No로 답하고 화살표를 따라가세요

잘 먹던 아이가 갑자기 먹지 않아요. 아프고 나서 먹지 않으려고 해요.	Yes →	아프거나, 회복 중이에요.	→ 28쪽 유형1 질환유형 →	몸이 회복 중이니 기다려주세요.

↓ No

조제유, 생우유, 주스, 이온음료, 요구르트 등의 음료를 하루에 800ml 이상 먹는다. 모유를 수시로 먹어서 어느 정도 먹는지 알 수 없다.	Yes →	배불러요.	→ 34쪽 유형2 섭취량 유형 →	수유나 음료 섭취를 줄이세요.

↓ No

아이의 영양을 위해 많은 재료를 섞어 이유식을 만든다. 아이 음식을 내가 맛보아도 별 맛이 없다. 음식에 간을 하지 않는다.	Yes →	맛이 없어요.	→ 46쪽 유형3 맛 냄새 질감 유형 →	조리 방법을 바꿔주세요.
버섯과 향이 강한 야채를 먹지 않는다. 물컹거리는 음식은 먹지 않는다. 좋아하는 음식만 먹으려 한다.	Yes →	원하는 맛이 아니에요.		

↓ No

음식을 주면 입으로 받아먹기는 하는데 오래 물고 있거나 씹다가 뱉는다. 먹다가 헛구역질을 한다. 음식을 잘게 잘라야 먹는다.	Yes →	먹기 힘들어요.	→ 76쪽 유형4 발달 유형 →	씹고 삼키는 능력에 맞는 음식을 주세요.

↓ No

밥 먹는 것에는 관심이 없고, 밥 먹는 동안 가만히 앉아 있지 않는다. 계속 돌아다니려고 해서 TV나 스마트폰을 보면서 먹인다.	Yes →	호기심과 활동성이 넘쳐요.	→ 94쪽 유형5 기질 유형 →	아기의 타고난 특정 기질을 파악하고 기질에 맞는 대응을 해주세요.
자고 깨는 시간이 불규칙하다. 아이가 식사시간이 되어도 배고파하지 않는 것 같다.	Yes →	생체리듬이 불규칙해요.		
새로운 음식을 먹지 않는다. 음식의 색깔, 온도, 냄새가 조금 바뀌어도 알아차리고 잘 먹지 않는다.	Yes →	두렵고 싫어요.		

↓ No

먹지 않아 억지로 먹인다. 영양을 위해서 철분제나 비타민D를 음식에 섞어 먹인다. 식사시간마다 가족이 자주 다툰다.	Yes →	음식이나 식사에 대한 기억이 나빠요.	→ 124쪽 유형6 양육 유형 →	좋은 기억으로 바꿔주세요.
한 끼 먹는 데 1시간 이상 걸린다. 식사시간마다 먹일 생각을 하면 공포스럽다. 아이 먹이는 일 때문에 미칠 것 같다.	Yes →	엄마와 아이가 갈등해요.		아이와 엄마의 기질이 충돌해요. 전문가의 조언이 필요해요.

질환과 관련된 유형

질환과 관련된 유형 확인하기

- 잘 먹던 아이가 갑자기 보채며 안 먹어요.
- 활동성이 떨어지고 발열, 호흡기 이상 증상을 보여요.
- 최근 수개월 동안 몸무게 변화가 10% 이상이에요.
- 아프고 난 뒤로 먹지 않아요.

아프거나 아프고 난 후 안 먹는 아이

아이가 아픈 건 아닌지 살펴보세요

아이의 식욕은 건강의 신호이기 때문에 잘 먹던 아이가 수일 이내에 갑자기 먹지 않는다면 아픈 건 아닌지 확인해야 합니다. 활동성이 떨어지고 발열, 호흡기 증상(기침·콧물·가래 등), 소화기 증상(변비·설사·배변 양상의 급작스러운 변화 등)을 동반하거나, 최근 수개월 이내 몸무게에 10% 이상 변화가 있다면 먼저 소아청소년과 전문의에게 진찰을 받으세요.

아이가 '잘 먹지 않는' 증상은 그 외 다른 이유가 있어서 그럴 수도 있습니다. 이를 테면 입안의 구내염·인후염·편도염 등으로 아파서 잘 못 먹는 일도 있고, 소화장애·장염 등 장운동의 이상으로 식욕이 떨어질 수 있습니다. 혹 단순 구내염으로 다른 전신 증상 없이 음식만 잘 안 먹는 일도 있고, 신생아의 경우 설소대가 짧아 엄마 젖꼭지를 잘 물고 빨지 못해서 잘 먹지 못하는 일도 있습니다.

Advice For Mom   질병과 연관된 식사 문제

1 **연하 장애** 음식물을 삼키는 과정에 어려움이 있어 음식물이 호흡기나 폐로 흡인되기도 한다. 식사 중에 캑캑거리거나 자주 사레에 걸리고, 숨을 헐떡이며 먹는 일이 반복되면 의심해볼 수 있다. 잦은 폐렴 혹은 기관지염을 동반하기도 한다.

2 **구강운동 장애** 혀와 입술의 움직임 등 구강운동의 장애가 있는 경우 잘 먹을 수 없다. 음식을 먹는 데 시간이 오래 걸리고 부드럽지 않은 질감의 음식은 삼키기 어려워한다. 발달 장애 아동에게 흔하고, 구강운동 장애가 지속될 경우 아이가 먹는 일 자체를 피하게 되므로 조기에 발견해서 적절한 처치를 해야 한다.

3 **설사** 설사의 원인은 크게 감염에 의한 경우와 비감염성인 경우가 있다. 갑자기 시작된 소아의 설사는 감염성인 경우가 많고 각각의 원인균에 따라 적절한 치료가 필요하다. 구역질, 구토 등의 증상과 함께 설사를 동반하며 식욕이 줄어든다. 간혹 음료를 지나치게 많이 마시거나, 알레르기 질환으로 설사를 동반하기도 한다.

4 **변비** 변비는 대변을 보는 횟수가 줄어들고 딱딱해서 배변이 힘든 상태다. 배변에 문제가 생긴 경우에도 식욕이 현저하게 줄어든다. 대변을 보는 횟수는 장관 내 내용물이 장관을 통과하는 데 걸리는 시간에 따라 결정된다. 출생 직후에는 입으로 섭취된 모유와 분유가 장관 전체를 통과하는 데 약 8시간이 걸리고 점차 시간이 증가해 성인이 되면 약 하루가 걸린다. 배변에 중요한 요건은 건강한 대장, 변의 적절한 단단함, 항문괄약근의 정상적인 수축이다. 이 세 가지 중 하나라도 이상이 생기면 변비 증상이 나타난다.

5 **식품 알레르기** 식품 알레르기는 개개인에 따라 매우 다양한 증상을 동반한다. 특히 구토, 메스꺼움, 설사, 두드러기 등 소화기나 피부에 다양한 이상 증상을 나타내며 심한 경우 호흡기계 증상, 전신 증상 등을 보이기도 한다. 이러한 여러 증상은 아이에게 해당 음식을 꺼리게 할 뿐 아니라 다른 음식을 먹을 때 영향을 미치기도 한다. 음식에 대한 두려움, 공포감을 느끼지 않도록 아이에게 알레르기 반응을 이해하기 쉽게 설명한다.

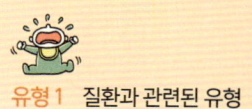

유형 1 질환과 관련된 유형

'잘 먹지 않는다'는 증상이 저체중이나 최근 급격한 몸무게 감소와 연결된 경우라면 반드시 병원에 방문하셔야 합니다. 앞에 나열한 급성 질환 외에 다른 만성 질환과의 연관성이 있을 수도 있으니 소아청소년과 선생님과 상담을 하셔야 해요.

아프고 난 후 아직 회복 중이라 식욕이 없어요

잘 먹던 아이가 아프고 난 후 잘 먹지 않아 걱정하는 부모가 많습니다. 앓는 동안 잘 먹지 못해 체중도 줄었는데 계속해서 아이가 잘 안 먹으니 걱정이 되는 것은 당연합니다. 그러다 보니 마음이 급한 부모는 먹지 않으려는 아이에게 어떻게든 먹이려고 더 애를 쓰게 됩니다. 하지만 이때 꼭 아셔야 할 것이 있습니다. 앓는 동안 소화 기능이 저하되기 때문에 앓고 난 직후에는 잘 먹지 않습니다. 아프고 난 후 소화 기능이 정상으로 회복되는 데는 얼마간의 시간이 걸리고, 식욕도 바로 완전히 회복되지 않기 때문이지요. 이런 상태에 있는 아이에게 음식을 억지로 먹이면 오히려 음식에 거부감이 생겨서 먹지 않는 아이로 변할 수 있습니다. 아프고 난 뒤 아이가 평소처럼 잘 먹기까지에는 얼마간의 시간이 필요합니다.

겉으로 보기에 다 나은 것 같아도 모든 신체 기능이 정상적으로 회복되는 데는 시간이 더 걸립니다. 장염을 앓고 난 후에는 식욕이 회복될 때까지 약 일주일 정도 기다려야 합니다. 대부분의 바이러스성 질환은 초기 급성기 3~4일 동안엔 식욕이 떨어지고, 그다음 3~4일간 조금씩 정상으로 회복됩니다. 장염 급성기에는 토하고 설사를 하므로 충분히 익힌 음식만 먹이는 것이 좋습니다. 장염을 앓은 뒤 장점막이 다 회복되는 데는 약 3주가 걸립니다. 그래서 질병을 앓고 난 회복기 아이의 경우에는 좀 느긋하게 기다려주는 시간이 필요하답니다. 장염을 동반하지 않는 감기도 식욕이 돌아오는 데는 시간이 걸립니다. 아이가 적극적으로 먹을 때까지 조금 기다려주세요.

섭취량 유형

섭취량 유형 확인하기

- 돌이 넘었는데 모유를 수시로 먹어서 몇 회 먹는지 정확히 알지 못해요.
- 요구르트를 좋아해서 냉장고에 항상 준비해두어요.
- 이온음료를 좋아해서 물 대신 마셔요.
- 우유를 좋아해서 하루에 600~800ml 이상 먹어요.
- 간식이나 과일을 좋아해서 많이 먹어요.

배가 고프지 않다며 안 먹는 아이

안 먹는 아이의 문제는 뜻밖에 쉽게 해결되기도 합니다. 아이의 하루 생활을 잘 살펴보면, 아이가 식사 외 다른 것을 충분히 먹고 있어서 배가 고프지 않은 경우가 있습니다. 월령이나 나이별 적절한 수유량과 아이가 하루에 먹은 음료나 과일의 열량을 계산해보면 먹지 않는 이유를 알 수 있지요. 아이가 수유나 음료, 과일 등에 집착한다면 아이뿐 아니라 엄마도 몇 가지 노력을 해야 합니다.

아이의 수유량을 체크하고 조절하세요

많은 부모가 "아기가 이유식을 잘 안 먹어요"라며 전문가를 찾습니다. 그럼 맨 먼저 수유량이 어느 정도인지를 물어봅니다. 이유식을 진행해야 하는 시기에 수유량이 지나치게 많으면 아이는 배가 불러 이유식을 먹지

Advice For Mom 월령별 권장 수유량과 수유 횟수

'아이에게 수유를 하루에 몇 회 해야 하는가'는 엄마들의 고민 중 하나다. 아이의 수유나 이유식을 하루 세 끼 먹는 성인식으로 가기 위한 훈련 과정이라고 생각하면 하루에 수유 횟수를 몇 회로 할지 정하는 게 어렵지 않다.
4~5개월경에는 수유를 아침에 2회, 점심에 2회, 저녁에 2회 한다고 보고, 아침·점심·저녁 수유 1회씩을 이유식으로 바꾸고 나머지 1회는 간식으로 바꾼다. 13~24개월에는 아침, 점심, 저녁 식사의 리듬을 잡는 것이 중요하다.
이유식을 밥으로 바꿀 때쯤에는 하루에 식사 3회, 간식 3회로 식사 리듬을 자리 잡게 한다.

월령별 수유와 이유식 권장 횟수[1)]

때 \ 월령	4~5개월[2)]	5~6개월	7~9개월	10~12개월	13~24개월
아침	수유	수유	수유	수유	아침 식사
	수유	이유식[3)]	이유식[3)]	이유식[3)]	간식
점심	수유	수유	수유	이유식[3)]	점심
	수유	수유	수유	수유	간식
저녁	수유	수유	이유식[3)]	이유식[3)]	저녁 식사
	수유	수유	수유	수유	간식

1) 월령별 수유와 이유식 권장 횟수는 절대적인 권장 횟수가 아닌 하루 6회 먹는 아이를 기준으로 제시한 것이다.
2) 아이의 리듬과 수유량에 따라 4~5개월 된 아기의 수유 횟수는 5~6회 정도면 된다. 아이에 따라 횟수는 다를 수 있으니 패턴만 참고하자.
3) 이유식을 먹는 양에 따라 이유식만으로 1회 수유가 대체되기도 하고, 이유식을 먹은 후 보충 수유가 필요한 경우도 있다.

유형 2　섭취량 유형

월령별 권장 수유량

식품군 \ 월령	4~6개월	7~9개월	10~12개월	13~24개월
모유, 조제유, 우유 및 유제품 섭취량	800~1,000ml	600~800ml	500~700ml	400~500ml
섭취 횟수 (한 번에 약 200ml씩 먹는 아이의 경우)	약 5회	약 3~4회	약 3~4회	약 2~3회
섭취 횟수 (한 번에 약 150ml씩 먹는 아이의 경우)	5~6회	약 4~5회	약 3~4회	약 2~3회

※월령별 권장 수유량은 아이가 먹는 이유식의 양에 따라 개인차가 있을 수 있다.

않기 때문이죠.

　모유를 먹는 경우 수유 과다에 의한 이유식 거부 현상이 가장 흔합니다. 모유 수유를 할 때는 수시로 쉽게 먹일 수 있기 때문에 아이가 하루에 몇 번 얼마나 먹는지를 확인하기가 어렵습니다. 이런 경우에는 판단하기가 좀 어렵지만, 수유 횟수를 세어보았을 때 권장 횟수의 2배 정도라면 수유 과다일 가능성이 큽니다. 분유 수유를 하는 경우라면 권장량을 확인하고, 권장 최대량에서 250~300ml 이상 더 섭취하고 있다면 수유 과다를 의심해야 합니다.

　아이가 권장 수유량보다 너무 많이 먹는다면 양을 줄여야 합니다. 하지만 절대 한 번에 양을 줄이지는 마세요. 엄마가 잘 주던 젖을 갑자기 일방적으로 줄이면 아이는 엄마의 행동을 이해하지 못하고, 엄마를 항상 의지할 수 있는 대상이 아니라는 생각을 하게 됩니다. 아이가 말을 못 알아듣는 것 같더라도 이유를 설명하고, 적어도 2주의 기간을 두고 서서히 줄이세요. 그러면 아이도 잘 적응합니다.

대개 6~12개월된 분유 수유 아이는 하루에 약 700~1,000ml 정도 먹으니 1,100ml를 넘지 않도록 조절하세요. 그리고 수유 간격은 아이의 월령에 따라 다르겠지만 2.5~3시간 이상은 되어야 합니다. 6개월을 넘어서면 이유식을 시작해야 하니 수유 횟수를 하루에 4~5회 정도로 줄이세요.

간식량을 체크하고 조절하세요

어느 순간 아이가 간식으로 주는 주스나 음료를 너무 많이 먹고 있다는 느낌이 들 때가 있습니다. 외출할 때 아이를 달래기 위해 주었던 과자를 아이가 자주 찾아 과자 먹는 횟수가 많아지기도 합니다.

음료나 과자는 식사시간 외에 배고프지 않아도 쉽게 먹을 수 있고 단맛이 좋아 자꾸 먹게 됩니다. 아이가 좋아한다고 집에 음료나 과자를 사놓으면 그만큼 자주 먹게 되어 아이는 식사시간 전에 먹은 간식만으로도 충분히 배부른 상태가 됩니다. 그러면 당연히 식사량이 적어지겠지요.

"우리 아이는 먹지를 않아요"라고 걱정하는 부모들이 있는데 아이 체중을 재보면 정상 체중인 경우가 많습니다. 아이가 잘 먹지 않는다면 아이의 간식량을 확인하세요. 아이가 간식을 많이 먹으면서도 식사량이 줄지 않는다면 오히려 비만을 걱정해야 할 때입니다.

유형 2 섭취량 유형

Q&A

Baby's Case 1
잘 먹지 않아 잘 때 먹여요

　아이가 잘 안 먹고 잘 안 큰다고 생각하는 부모들이 자주 하는 실수가 아이가 잘 때 수유를 하는 것입니다. 잘 때 반사적으로 빠는 것을 이용하여 수유량을 늘리는 것이지요. 아이들은 신체 내부 신호가 있어 먹는 양을 저절로 조절합니다. 밤에 자면서 먹으면 자연스럽게 낮에 배가 고프지 않아 먹지 않게 됩니다. 엄마는 아이가 낮에 먹지 않으니 밤에 더 먹이고 아이는 낮에는 점점 더 안 먹는 악순환이 되풀이됩니다. 더욱이 밤에 수차례 수유를 하면 소화도 잘 안 되고, 먹다 기도로 우유가 넘어가 감염의 위험도 커집니다.

　중이염과 기관지염을 장기적으로 앓는 아이들의 경우 밤중 수유를 끊었더니 증상이 나아졌다는 국내 연구결과도 있습니다. 성인도 야식을 매일 챙겨 먹는다고 생각해보세요. 아침엔 당연히 입맛이 없겠죠. 야식을 매일 먹다가 안 먹으면 괜히 배고픈 채로 잠드는 것 같고요. 아이도 마찬가지입니다. 밤중 수유는 약 6개월 즈음, 늦어도 9개월 이전에 끊어주세요. 밤중 수유를 끊으면 낮에 더 잘 먹습니다.

Baby's Case 2
밤에 안 깨고 잘 자던 아이가 자다가 젖을 찾아요

밤새 잘 자던 아이가 자다 깨서 분유를 찾는 경우가 있습니다. 아이들은 성장함에 따라 먹는 양도 요구량도 많아져서 액상 수유만으로는 아침까지 배고픔을 견디기 힘들어집니다. 그래서 자다가 깨서 울게 되는 것이지요. 이때 수유를 하지 않으면 잠이 들지 않기 때문에 엄마는 어쩔 수 없이 수유를 합니다.

수유 간격이 5~6시간 이상이고 배가 고파서 깬 것으로 판단된다면 일단은 모유나 분유를 먹이고 재우세요. 단, 젖이나 젖꼭지를 물고 잠들지 않게 해주세요. 그리고 다음 날 저녁에는 고형 이유식을 주고 자기 전에 수유를 해야 아침까지 푹 잘 수 있습니다. 자다가 배가 고파서 깨는 아이는 일반적으로 낮에는 먹는 데 문제가 없습니다. 이 경우 아이가 커가면서 자연스럽게 야간 수유가 끊어집니다.

유형 2 섭취량 유형

Advice For Mom 야간 수유와 월령별 수면 패턴

영아기의 야간 수유는 아이의 수면 패턴과 관계가 깊다. 아이의 수면 시간은 연령이 증가할수록 짧아진다.

태아기에는 없었던 밤낮의 개념이 출생 후 0~3개월 사이에 생기기 시작한다. 신생아는 하루에 16~18시간 잠을 자지만 한 번에 2.5~4시간 이상 지속해서 자는 게 어렵다. 3개월까지는 낮잠을 3~4회 자고, 3개월이 지나면서 밤낮의 주기가 자리 잡힌다. 생후 1년간 성인의 2배 정도를 잔다. 밤낮을 구별하는 3개월 이후부터는 점차 밤잠이 길어지고 야간에 수유하는 횟수도 줄어든다. 4~6개월부터는 한 번에 먹을 수 있는 수유량이 많아져 밤에 충분히 먹고 아침까지 깨지 않고 잠을 잘 수 있어 야간 수유가 현저하게 줄어든다. 6~9개월 이후로는 야간 수유를 하지 않아도 된다.

Baby's Case 3
젖병을 떼고 컵으로 마셔야 하는데 젖병을 끊기가 힘들어요

젖병을 뗄 시기가 지났는데도 젖병만 찾는다면 먼저 아이가 젖병을 어떤 도구로 사용하는지 파악하세요. 마음의 안정을 위해 사용하는 도구인지, 혹은 음식(분유/음료수)을 먹는 데 사용하는 도구인지 구별해야 합니다.

젖병을 빠는 행동에서 안정감을 느끼는 경우라면 젖병을 대체할 만한 물건을 찾거나, 안정감을 느낄 수 있는 엄마의 행동이 필요하겠지요.

음식을 먹는 데 사용하는 도구라면 우유에 물을 조금씩 섞어서 젖병에 넣어주세요. 수일간 천천히 물의 양을 늘리고 우유의 양을 줄여가세요. 갑자기 젖병을 없애는 것도 효과가 있겠지만, 아이가 보채고 힘들어한다면 차선책이 될 수 있습니다. 며칠 지나면 젖병에 든 우유는 맛이 없다고 느끼고 젖병을 포기하게 될 거예요. 간혹 만 2세가 넘어서도 젖병을 찾는 경우가 있는데 이런 경우에는 좋아하는 음료를 컵에 넣어 일정량을 마시면 상으로 젖병을 주는 놀이를 해보세요. 점차 맛있는 음료의 양을 늘리면서 컵으로 마시는 훈련을 하다 보면 자연스레 젖병을 찾는 일이 줄어듭니다.

Baby's Case 4
당 함유 음료를 많이 마셔요

음료를 물과 같은 액체라고 해서 열량이 낮다고 생각하는 경우가 많습니다만 주스, 우유, 요구르트, 이온음료는 100ml당 열량이 60~80kcal나 됩니다. 아이들이 흔히 먹는 야쿠르트 한 병은 65ml이고 열량은 45kcal 정도입니다. 어른들이 먹는 밥 한 공기가 보통 200kcal이고 아이들이 먹는 밥 한 공기가 100kcal인데, 음료 한 컵(200ml)이 아이들 밥 한 공기가 넘는 열량을 내는 셈이죠. 이런 음료를 하루에 3,4컵씩을 마시면 정작 식사 때가 되어도 배가 별로 고프지 않아 잘 안 먹게 되는 거지요.

아이가 요구르트를 너무 좋아해서 막기 힘든가요? 혹시 아이가 요구르트를 많이 먹는 것 같아 걱정하면서도 냉장고에 요구르트를 가득 채워놓고 있지는 않나요? 눈앞에 보이는 것을 달라고 떼를 쓰는 아이에게 무조건 안 주는 것은 거의 불가능합니다. 우선 집 안에서 요구르트를 치워보세요. 보이지 않으면 찾는 것도 덜합니다. 혹시 마트에 같이 가면 요구르트를 사자

고 조르나요? 이런 경우 가장 좋은 방법은 아이와 대화하는 것입니다. 왜 요구르트를 많이 먹으면 안 되는지 가능한 한 자세히 설명해주세요. 아이와 무슨 대화를 하느냐고 하는 분도 있는데요, 아직 말을 못 하는 아이들도 엄마가 무슨 말을 하는지 다 이해합니다. 여러 번 반복해서 차분히 설명하고 아이 스스로 결정하도록 유도해주세요.

아이가 너무 심하게 조른다고 원칙을 깨고 이따금 들어주면 아이는 원하는 것을 얻기 위해 더 많이 보챈다고 합니다. 정한 원칙을 지키는 습관을 들이려면 엄마가 일관된 태도를 유지하는 게 중요합니다. 육아에서 엄마의 일관성은 원칙과 같은 것입니다. 꼭 지켜주세요.

 **Baby's Case 5**
간식을 자주 찾고 많이 먹어요

간식을 많이 주면 밥을 안 먹고, 밥을 안 먹으니 간식을 더 챙겨주게 되는 악순환이 계속됩니다. 안 먹는 게 안타까워 뭐라도 먹이게 되시죠? 악순환의 고리를 끊으셔야 합니다. 간식이란 과자나 빵만이 아니에요. 고구마나 감자, 계란 등 포만감을 주는 음식 모두 간식입니다. 특히 12개월 이전에 과일을 간식으로 자주 주면 과일의 단맛에 익숙해져 이유식을 잘 먹지 않는 경우가 많습니다. 12개월 이전에는 간식을 주지 않는 것이 좋습니다. 아기용 과자도 권장하지 않습니다. 아이들은 간식이 밥보다 더 간편하고 자유롭게 먹을 수 있어서 선호하게 될 수도 있습니다. 12개월 이후라도 식사를 잘 안 한다면 단맛이 있는 간식은 되도록 피해야 합니다.

아기용 과자와 발효유 종류별 열량 비교

쌀밥 아기용 한 공기(70g)
104kcal

계란과자(10g)
50kcal

마가렛트(10g)
50kcal

바나나킥(12g)
50kcal

바이오캔디(13g)
56kcal

베베(11g)
43kcal

베이키(20g)
69kcal

뽀또(12g)
65kcal

새우깡(10g)
50kcal

웨하스(10g)
50kcal

죠리퐁(11g)
57kcal

카스타드(24g)
114kcal

마시는 발효유(65ml)
45kcal

마시는 발효유(80ml)
64kcal

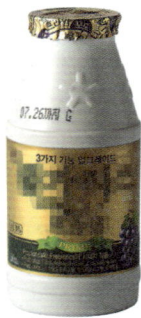
마시는 발효유(농후)(150ml)
158kcal

떠먹는 발효유(100ml)
116kcal

떠먹는 발효유(100ml)
99kcal

맛·냄새·질감 유형

맛·냄새·질감과 관련된 유형 확인하기

맛	• 균형 잡힌 영양을 위해서 다양한 식품을 섞어서 이유식을 만들고 있어요. 처음에는 잘 먹었는데 언제부터인가 먹지 않아요. • 어릴 때는 음식을 가리지 않았는데 자라면서 점점 가리는 음식이 늘어요. • 채소를 잘 안 먹어요. • 음식에 간을 하지 않으면 안 먹어요. • 양념이 들어간 반찬은 좋아하지 않아요. • 신맛이 나는 과일은 안 먹어요.
냄새	• 잡곡밥을 잘 안 먹어요. • 콩 종류를 안 먹어요. • 고기를 좋아하지 않아요. • 우유를 좋아하지 않아요. • 해산물(또는 조개류)을 안 먹어요. • 생선을 안 먹어요. • 오이, 파프리카, 피망, 파 등을 안 먹어요. • 김치를 안 먹어요.
질감	• 버섯을 안 먹어요. • 기름진 음식을 좋아하지 않아요. • 생채소는 안 먹는데 볶아주면 먹어요. • 물컹거리는 음식은 안 먹어요.

맛이 없다고
안 먹는 아이

좋아하는 식품만 가려 먹거나 싫어하는 식품은 입에도 안 대려는 아이들이 있습니다. 예를 들면 고기는 잘 먹는데 유독 채소는 안 먹는 아이들이 있습니다. 흔히 이런 경우 편식한다고들 하지요. 채소를 먹기는 하는데 특정 채소만 안 먹는 것도 편식일까요? 왜 편식을 하는 걸까요?

무엇인가를 먹지 않는 데는 생각보다 다양한 이유가 있습니다. 우리가 음식이 '맛있다' 혹은 '맛없다'라고 할 때 맛은 단지 혀에서 느끼는 맛만이 아닙니다. 우리가 맛있다고 할 때 맛은 혀에서 느끼는 맛, 코에서 맡는 냄새, 입안 전체에서 느끼는 질감 등을 모두 포함하는 느낌입니다.

음식을 좋아하고 싫어하는 데는 음식 특유의 맛·냄새·질감에 대한 기억과 본능적 느낌, 익숙함 등 다양한 요인이 작용합니다. 아이가 이 중 어떤 요인 때문에 안 먹는지를 안다면 잘 먹게 할 수 있는 방법도 찾을 수 있습니다.

이유식은 영양만이 아니라 맛도 중요해요

이유식 때의 식습관이 중요한 이유는 이유식을 시작하는 시기부터 음식을 고루 잘 먹어야 편식하지 않는 아이로 자랄 수 있기 때문입니다. 보통 이유식에 대해 주로 영양을 중심으로 이야기합니다. 그러나 아무리 영양상으로 훌륭한 음식도 맛이 없으면 먹지 않고 먹지 않으면 아무 소용이 없습니다. 그동안 아이가 이유식을 먹지 않는 이유를 맛에서 찾으려는 노력이 부족했습니다. 의사 표현이 서툰 아이에게 맛에 대한 의견을 물을 수 없으니 그저 아이가 맛을 보고 보이는 반응으로 좋아한다 혹은 싫어한다의 느낌을 예상하는 게 다였지요. 이유식도 맛이 있어야 아이가 잘 먹습니다.

엄마가 먼저 맛에 대해 이해를 해야 합니다. 우리가 음식을 먹으면서 느끼는 맛은 언어로 다 표현하기 어려울 정도로 다양합니다. 하지만 과학적으로 '검증된 맛'은 다섯 가지입니다. 우리는 보통 이를 '기본 맛'이라고 하죠. 대부분 네 가지로 알고 있지만, 최근에 감칠맛이 추가되어 쓴맛, 짠맛, 단맛, 신맛, 감칠맛 이렇게 다섯 가지입니다.

여기서 말하는 기본 맛은 우리가 평소에 맛이 있다고 표현하는 다양한 맛과는 몇 가지 기준에서 차이가 있습니다. 과학적으로 검증한 '기본 맛'은 어느 인종이라도 느낄 수 있는 보편적인 맛이고, 다른 맛과 조합해 그 맛을 만들어낼 수 없는 독립된 맛입니다. 또 맛 수용체가 밝혀져서 신경생리학적으로나 생화학적으로 '맛'이라는 사실(미뢰 속에 있는 '맛세포'에서 수용되어 미각신경에 의해 중추에 전달되는 과정)이 과학적으로 증명된 것만을 '기본 맛'이라 합니다.

기본 맛에 관해 살펴보고 나면 안 먹는 아이들의 문제를 해결할 방법도

유형 3 맛·냄새·질감 유형

혀가 감지하는 다섯 가지 기본 맛

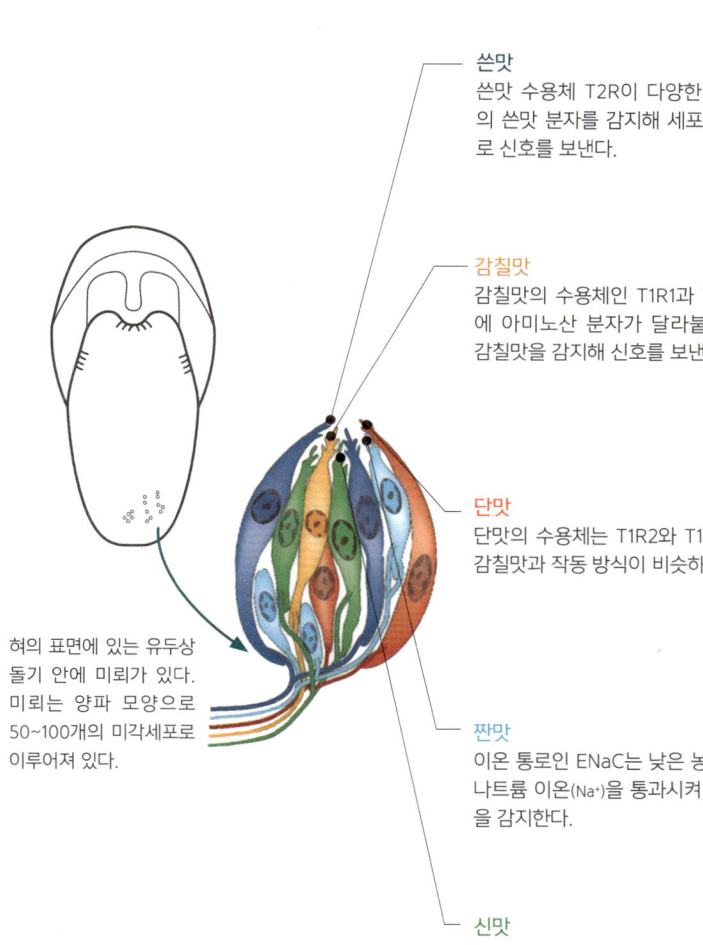

혀의 표면에 있는 유두상 돌기 안에 미뢰가 있다. 미뢰는 양파 모양으로 50~100개의 미각세포로 이루어져 있다.

쓴맛
쓴맛 수용체 T2R이 다양한 구조의 쓴맛 분자를 감지해 세포 안으로 신호를 보낸다.

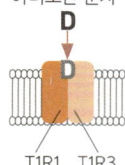

감칠맛
감칠맛의 수용체인 T1R1과 T1R3에 아미노산 분자가 달라붙으면 감칠맛을 감지해 신호를 보낸다.

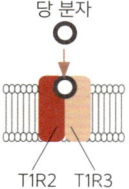

단맛
단맛의 수용체는 T1R2와 T1R3로 감칠맛과 작동 방식이 비슷하다.

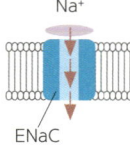

짠맛
이온 통로인 ENaC는 낮은 농도의 나트륨 이온(Na^+)을 통과시켜 짠맛을 감지한다.

신맛
이온 통로인 PKD2L1가 신맛을 감지한다는 발표가 있지만 아직 불확실하다. 유기산 분자가 세포벽을 통과해 세포 안으로 들어와 내놓은 수소 이온(H^+)이 미지의 이온 통로를 막아 신호를 전달한다는 가설도 있다.

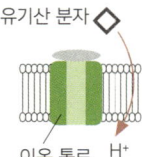

찾을 수 있습니다. 음식을 먹으면 혀에서 맛을 느끼지요. 혀의 표면에는 유두상돌기라는 게 있는데 그 안에 미뢰가 있습니다. 이 미뢰는 양파 모양으로 생겼는데 50~100개의 미각세포로 이루어져 있고 세포 끝에는 맛을 감지하는 미각 수용체가 있습니다. 이 미각 수용체는 다섯 가지 기본 맛인 쓴맛, 짠맛, 단맛, 신맛, 감칠맛을 각각 독립적으로 감지해 정보를 뇌로 보냅니다. 맛은 혀에서 감지하지만, 최종적으로는 뇌가 느끼는 것인지도 모릅니다.

여기서는 다섯 가지 맛의 기본적인 정보만 소개하고 이들 맛과 관련된 안 먹는 아이의 사례는 뒤에서 구체적으로 살펴보겠습니다.

쓴맛

쓴맛은 주로 혀의 안쪽 부분에서 느끼는데 다른 맛에 비해 미각을 느낄 때까지의 시간이 길고, 맛이 오래 남는 특징이 있습니다. 혀에는 약 30가지의 쓴맛 수용체가 다양한 구조의 쓴맛 분자를 감지해 세포 안으로 신호를 전달합니다. 쓴맛이 나는 물질은 일반적으로 물에 녹지 않는 것이 많다고 합니다. 마그네슘이나 칼슘 등의 무기질 같은 게 그 예가 되겠지요.

짠맛

짠맛은 단맛만으로 조미하는 요리를 제외하면 거의 모든 요리에 간을 할 때 기본이 되는 맛입니다. 그만큼 평소 소금(Nacl) 섭취가 많을 수밖에 없습니다. 나트륨(Na)의 섭취량이 많으면 건강 문제를 일으켜서 요즘은 나트륨 섭취량을 줄이려는 건강운동을 펼치고 있습니다.

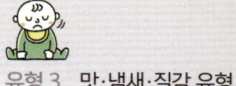

유형 3 맛·냄새·질감 유형

단맛

단맛은 어른보다 어린이가 더 좋아하는데 그 이유는 단맛을 느끼는 미각이 어른보다 더 발달해 있기 때문입니다. 설탕(슈크로스)의 자극역(단맛을 느끼는 최저 농도)은 어른이 1.32%인데 어린이는 0.68%라는 보고가 있습니다. 단맛을 내는 식품을 감미료라고 하는데 보통 천연 감미료와 인공 감미료로 구별하지요.

신맛

신맛은 수소 이온에 의해 생기는 맛입니다. 보통 산(酸)은 전부 신맛을 냅니다. 식품의 산은 유기산이 대부분입니다. 유기산이 혀의 세포막을 통해 세포 안으로 들어와 수소 이온을 내놓는다고 합니다. 신맛은 수소 이온과 음이온과 관련 있는 맛이지요.

감칠맛

감칠맛은 쓴맛, 짠맛, 단맛, 신맛으로는 표현할 수 없는 식욕을 돋우는 좋은 맛입니다. 오랫동안 짠맛·쓴맛·단맛·신맛 등 네 가지 맛이 있다고 알려져 있었는지만, 일본의 화학자 이케다가 다시마에서 감칠맛을 찾아내 기본 맛에 감칠맛이 더해져 다섯 가지가 되었습니다. 그가 찾은 맛의 주인공은 아미노산 중 하나인 글루탐산입니다. 그 후로 감칠맛을 내는 많은 물질이 더 발견되었습니다. 예를 들면 가다랑어포에서 찾은 이노신산, 마른 표고버섯에서 찾은 구아닐산 등입니다. 감칠맛 성분은 다른 감칠맛 물질이 함께 있을 때 서로 상승작용을 일으킵니다. 글루탐산만 있을 때보다 이노신산이나 구아닐산 등의 핵산을 1 대 1의 비율로 혼합했을 때 감칠맛이 더 상승합니다. 글루탐산에 이노신산을 혼합하면 글루탐산이 단독으로 있을 때보다 약 7.5배, 구아닐산을 혼합하면 약 30배 감칠맛이 증강된다고 하네요. 국물을 낼 때 다시마와 표고버섯을 함께 넣어 끓이면 맛이 더 좋아지는 이유가 여기에 있습니다.

맛을 느끼는 곳은 뇌예요

같은 음식을 먹고 나서도 어떤 사람은 맛있다고 느끼고 또 어떤 사람은 맛이 없다고도 느낍니다. 같은 짠맛인데도 짜다고 느끼는 사람이 있는가 하면 싱겁다고 느끼는 사람도 있습니다.

맛을 느낀다는 것은 무엇이고 어디서 느끼는 것일까요? 맛을 느끼는 곳이 어디냐고 물으면 "입", "혀"라고 답하는 사람이 대부분일 겁니다. 그러나 진짜로 맛을 느끼는 곳은 '뇌'입니다.

앞에서 살펴본 입안의 미뢰는 정확히 말하면 맛을 느끼는 것이 아니라 맛 물질을 감지(인식)하는 곳

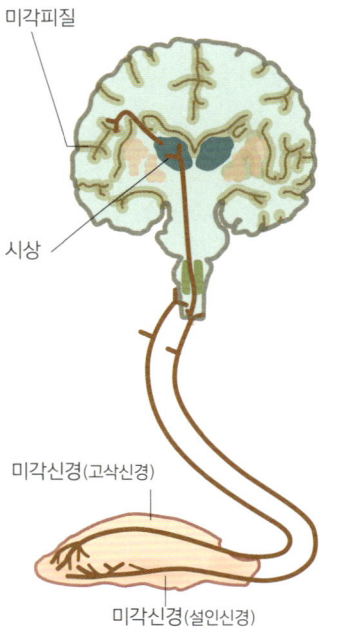

맛을 인지하는 과정

미각피질

시상

미각신경(고삭신경)

미각신경(설인신경)

입니다. 혀의 맛세포는 입안으로 들어온 맛 물질을 감지하고 미각신경에 신호를 보냅니다. 그럼 이 신호가 정보로 바뀌어 중추신경으로 가고 중추에서 이를 달다·짜다·쓰다 등으로 알아차립니다. 이어서 '달아서 좋다', '쓰니까 싫다', '너무 짜니까 삼키지 말고 뱉어버리자!' 같은 인지작용으로 연결됩니다.

이처럼 맛을 느낀다는 것은 입에서 보낸 신호와 뇌에 저장된 다양한 경험과 본능에 의해 결정되는 뇌의 활동입니다. 뇌에서 맛있다고 느끼기 위해서는 잘 조리된 음식과 즐거운 경험이 있어야 합니다. 음식의 맛 정보는 뇌 속에 깊이 저장되어 우리의 평생 입맛을 좌우합니다. 어릴 때 형성된 맛에 대한 기억이 우리 몸 안에 있는 미각 정보 처리 시스템에 저장되기 때문입니다.

맛과 연관된 좋은 경험들이 편식을 예방해요

아이들은 다섯 가지 맛을 모두 구분할 수 있기는 해도 맛의 선호도나 감각 발달은 아이마다 개인차가 있습니다. 하지만 대체로 아이들은 단맛·짠맛·감칠맛은 좋아하지만, 쓴맛·신맛은 좋아하지 않습니다. 이러한 맛에 대한 선호와 거부는 살아남기 위한 인간의 오래된 본능 가운데 하나입니다.

전문가들은 맛에 대한 본능을 가장 잘 관찰할 수 있는 시기를 영아기로 봅니다. 맛에 대한 선호도는 아이의 개월 수 그리고 맛에 따라 조금씩 다르게 변합니다. 이유식 초기에 다양한 맛에 노출할 경우 신맛은 선호도가 급격히 증가하고, 쓴맛은 조금 증가, 짠맛과 단맛은 많이 증가합니다.

초기엔 본능적으로 맛을 보았다면 이유식 이후부터는 자신이 먹어본 음식에서 느낀 (맛)경험이 새로운 맛으로 기억되기 시작합니다. 이를테면 자주 접하는 음식 맛에 익숙해지고, 그러다 보면 익숙한 것이 맛있는 음식이라고 자연스럽게 인식되는 것이죠.

부모가 맛에 대한 반복 학습을 통해 아이에게 맛별로 좋은 기억을 만들 수 있게 도와주면 그 음식은 맛있는 음식으로 기억됩니다. 반대로 괴로운 기억이 남아버리면 맛이 없고 싫은 음식이 됩니다. 따라서 이유식 초기에 맛에 대한 좋은 기억을 만들지 못하면 맛 학습에 실패해 편식하는 아이로 자랍니다.

맛에 대한 반응이 본능의 영향을 많이 받는다면, 맛을 느끼는 민감도의 차이는 유전적인 것일까요? 예, 일부는 사실입니다. 사람에 따라 맛을 감지하는 역치가 다릅니다. 쓴맛의 경우 역치가 가장 민감한 사람과 가장 둔감한 사람의 차이가 100~1,000배까지 차이가 납니다. 이는 쓴맛 수용체의 유전자는 여러 유형이 있는데 유형에 따라 민감도가 다르기 때문이라고

> **Advice For Mom** 편식을 줄이기 위한 이유식의 맛 도입 순서
>
> 신생아는 단맛과 짠맛은 좋아하지만, 쓴맛과 신맛은 좋아하지 않는다. 그러나 아이들은 다양한 맛을 접하면서 맛에 대한 선호도가 바뀌고 성장하면서 어떤 맛을 경험하였는가에 따라 각자 선호하는 맛이 달라진다.
> 이유식 초기 쓴맛, 짠맛, 단맛, 신맛을 경험하면서 맛의 선호도도 변하는데 쓴맛의 경우 노출에 따른 선호도가 가장 천천히 증가한다. 강한 단맛을 먼저 경험하면 쓴맛 나는 음식을 더 꺼리게 되므로 이유식을 시작할 때 단맛이 강한 과일을 먼저 주지 말고 쓴맛이 있는 채소죽부터 먹이는 것이 좋다.

유형 3 맛·냄새·질감 유형

합니다. 단맛을 감지하는 역치는 10배, 향의 경우에는 더 많은 차이가 있고요. 따라서 같은 맛이라고 하더라도 아이마다 반응이 다를 수 있는 것입니다.

쓴맛에 예민하다고 해서 쓴맛 나는 채소를 모두 싫어하는 것은 아닙니다. 아이의 감각이 예민하더라도 키우는 사람이 아이의 예민함에 대해 어떻게 대응하느냐에 따라 음식을 대하는 태도는 달라질 수 있습니다. 아이의 반응을 살펴보면서 계속 시도하면 쓴맛에 매우 예민한 아이도 채소를 잘 먹을 수 있다는 것이지요. 음식 맛에 관한 판단은 결국 훈련을 통해 뇌가 어떤 기억을 만들었느냐로 형성되기 때문입니다. 맛은 유전과 후천적 경험에 의한 기억의 결과물입니다.

 **Baby's Case 1 쓴맛**
채소를 싫어해요

편식하는 아이들을 살펴보면 채소를 먹지 않는 경우가 대부분을 차지합니다. 왜 아이들은 유독 채소를 싫어하는 것일까요?

채소를 싫어하는 이유를 단 한 가지로 정리해서 말하긴 어렵지만, 가장 큰 이유를 들자면 채소 맛에 거부감을 느끼는 인간의 본능 때문입니다. 인류의 역사를 살펴보면 농사를 짓기 이전에는 자연에 있는 것을 채집하거나 사냥해서 먹었습니다. 이러한 자연에는 자연독이 있어서 아무거나 먹었다가는 목숨을 잃을 수도 있기 때문에 새로운 식물을 먹을 때는 항상 확인하고 조심합니다. 우리 몸은 생명을 지키기 위해 본능적으로 새로운 것을 조심하도록 프로그램된 것이지요. 대표적인 것이 바로 새로운 것에 대한 두려움인 '네오포비아'입니다.

유형 3 맛·냄새·질감 유형

인간은 태어날 때부터 몸의 에너지원인 당분의 단맛이나, 동물 단백질이 가진 감칠맛은 기본적으로 선호하지만, 독이 들어 있을 수 있는 채소의 (쓴)맛에는 거부감이 있습니다.

이유식 시기가 거의 다 지난 유아기 아이가 채소를 싫어하면 어떻게 해야 할까요? 최근에는 어린이집에 가면서 다른 아이들이 먹는 것을 보고 자연스럽게 고쳐지는 경우가 많습니다.

그래도 안 되면 아이가 채소에 대해 좋은 기억을 갖게 도와주어야 합니

Advice For Mom 네오포비아 – 새로운 것에 대한 거부감

우리 몸은 자연의 유해함으로부터 자신을 보호하려는 본능이 있다. 그중 하나가 외부의 독성물질로부터 자신을 지키고자 하는 본능이다. 예컨대 자연에 있는 독성식물을 구별하지 못하고 의심없이 덜컥 먹었다가는 위험할 수도 있기 때문에 새로운 것에 대해 본능적으로 조심하고 거부한다.

인간이 찾아낸 다섯 가지 맛 중에 '쓴맛'은 '거부해야 하는 맛', 즉 독성물질의 맛으로 인식한다. 우리 몸은 쓴맛에 대한 감수성이 높아 극소량도 '위험 신호'로 감지할 수 있도록 설계되어 있다. 자연에서 보면 쓴맛은 독의 맛이고, 신맛은 발효가 되거나 썩은 음식에서 주로 나는 맛이다. 해로운 독으로부터 우리 몸을 보호하는 역할을 하는 문지기가 바로 쓴맛을 느끼는 미각이다. 따라서 우리 몸은 독이 든 음식이나 썩은 음식에서 주로 느끼는 쓴맛에 대한 거부감이 가장 강하고 예민하며, 기억도 오래간다.

아이들이 채소를 싫어하는 이유는 채소의 쓴맛에 대한 자연스러운 거부 반응이다. 오늘날 먹을 수 있는 식물과 먹지 못하는 식물을 구분할 수 있고 많은 채소를 문제없이 먹고 있지만, 어린아이에게서는 쓴맛을 거부하는 원시 본능이 가장 잘 나타난다. 채소에 대한 아이의 거부 반응은 자연스러운 것이다. 쓴맛에 익숙해지기 위해서는 이유식 시기부터 '채소는 맛있는 것'이라는 경험을 찬찬히 쌓아주어야 한다. '채소는 안전하니 먹어도 된다'는 학습이 필요하다.

다. 앞에서도 맛은 기억과 함께한다고 강조했습니다. 아이들이 자기가 직접 키운 채소를 먹는다거나 자기가 직접 만든 채소 요리를 먹는 것은 음식에 담겨 있는 즐거운 기억이 함께하기 때문입니다.

절대로 억지로 먹이거나 혼내지 마세요. 그냥도 먹기 싫은데 나쁜 기억까지 남으면 그 음식은 더 먹기 싫은 것이 됩니다. 당장은 억지로 먹겠지만 절대로 오래 지속되지 않습니다.

알록달록한 천연색을 가진 낯선 채소가 익숙한 음식이 되려면 적어도

Advice For Mom 쓴맛 – 위험을 감지하는 맛

쓴맛은 자연의 독성물질에 있는 맛으로 인간은 쓴맛으로 위험을 인지한다. 쓴맛에 대한 감수성은 신맛, 짠맛, 단맛에 비해 높고 실제로 쓴맛을 감지하는 농도가 단맛 물질보다 1,000배 이상 낮다. 쓴맛 물질을 감지하는 쓴맛 수용체는 동물의 종에 따라 개수가 다르기는 하지만 대부분 수십 개씩 대가족을 이루고 있다.

쓴맛 수용체가 다른 맛의 수용체와 달리 이렇게 대가족처럼 모여 있는 이유는 자연계에 존재하는 다양한 화학 구조를 가진 쓴맛의 독성물질을 빠짐없이 감지하고 몸 안에 들어오지 못하게 해 생명을 유지하려는 장치라는 가설이 설득력을 얻고 있다.

구분	쓴맛 수용체 개수
사람	25개
소	22개
개	16개
쥐	36개
침팬지	28개

다양한 맛의 식재료를 접해본 경험이 없는 아이들이 채소를 거부하는 것이나, 채소를 다른 음식에 섞어도 그 맛을 쉽게 알아채는 것은 당연하다.

채소를 골고루 먹게 하는 것은 본능을 거스르는 일이니 더 많은 노력이 필요할 수밖에 없다.

20~30번은 어떤 식으로든 보고 만지는 경험을 해야 합니다. 아이와 함께 채소를 사러 가거나, 생김새가 다른 여러 가지 채소를 보고 차이점을 이야기하고, 집에서 직접 채소를 씻는 모습을 보여주세요. 애호박이나 시금치, 파프리카 등은 안전한 플라스틱 칼로 함께 썰어보는 것도 좋습니다.

여러 가지 재료를 썰어 넣어 아이와 함께 피자나 만두를 만들어보세요. 직접 만들었을 때 아이들은 훨씬 용기를 내어 새로운 음식에 도전한답니다. 엄마와 함께 채소를 가지고 놀았던 즐거운 기억이 낯선 채소에 대해 긍정적인 생각을 갖도록 도와줄 수 있지요. 당장 맛있게 먹을 수는 없더라도 여러 번 반복하면 자연스럽게 먹는 음식으로 바뀌게 될 거예요.

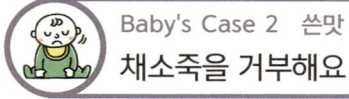

Baby's Case 2 쓴맛
채소죽을 거부해요

아이들이 이유식을 할 때 단맛이나 고기 맛은 좋아하고 채소 맛은 싫어하거나 거부하는 이유를 이제 조금은 이해하리라 생각합니다.

채소에 거부감을 없애기 위해서는 채소 맛에 서서히 익숙해지도록 하여 잠재된 두려움을 없애주어야 합니다. 채소죽을 완강히 거부한다면 이유식에 약간의 감칠맛을 더해주세요. 감칠맛을 내는 다시마·표고·멸치국물을 사용하여 채소죽을 만들거나, 양파처럼 단맛이 나는 채소를 사용하거나, 약간의 간을 하여 채소죽을 잘 먹을 수 있게 만드는 것도 좋습니다.

처음 맛보는 채소죽에 거부감을 보일 수 있으나 걱정하지 말고 다시 주세요. 두 번째 먹일 때는 거부감이 덜해질 겁니다. 안 먹는다고 해서 억지

Advice For Mom 아이가 잘 먹는 이유식 조리법

1 아이가 먹는 음식에 약간의 단맛을 더하면 잘 먹는다. 당지수가 높은 설탕 대신에 단맛이 나는 다른 식재료를 사용한다. 이유식을 만들 때 양배추, 고구마, 단호박은 단맛을 내는 효과적인 식품이다. 아이의 성장 단계에 따라 유아식에 주재료와 함께 양파, 대파, 당근 등의 채소를 사용하는 것도 좋다. 사과, 배, 키위 등의 과일은 육류와 함께 사용하면 단맛도 내면서 육질도 연하게 만들어 유용하다. 파인애플도 물컹한 과육을 사용하면 좋은데 너무 오래 끓이면 단맛이 없어지고 신맛만 남게 되므로 조리 마지막 단계에 넣는다. 익힌 사과는 변을 딱딱하게 만들 수 있으니 변비가 있는 아이에게는 날것으로 먹이는 것이 더 좋다.

2 다시마, 마른표고, 마른멸치를 이용한 국물을 사용한다. 다시마는 감칠맛의 주요 성분인 글루탐산, 표고버섯은 구아닐산, 멸치는 이노신산이 많은 식품이다. 이 세 가지를 넣어 국물을 넉넉히 만들어 냉장고에 보관해두면 간편하게 요리할 수 있다. 이유식에 활용하면 감칠맛이 더해진다. 게다가 다시마나 마른멸치 표면에는 소금기가 있어 따로 간을 할 필요도 없다.

3 토마토를 활용해 감칠맛을 낼 수도 있다. 채소를 충분히 볶아 채소 특유의 단맛을 낸 후 토마토 소스에 버무리면 감칠맛이 더해진다.

4 음식의 온도도 맛에 큰 영향을 준다. 고기가 들어간 이유식과 반찬은 따뜻할 때 맛있다. 음식의 온도가 높으면 단맛이 증가하고 쓴맛과 짠맛은 줄어든다.

5 향과 식감도 음식이 맛있다, 없다를 결정하는 데 큰 영향을 준다. 새로운 식재료에 도전할 때는 아이에게 충분히 가지고 놀고 만져보고 냄새도 맡아보는 시간을 먼저 주자. 색깔이나 모양에 친숙해지면 재료를 잘게(으깨거나 다지기) 만들어 먹인다.
향에 친숙해지면 덩어리를 조금 크게 모양을 살려 조리한다. 혹시 향을 숨기기 힘들다면 아이가 익숙해서 잘 먹는 향이 강한 다른 식재료와 섞어서 먹이거나, 간장 또는 참깨나 들깨 등 새로운 향을 더하는 것도 좋은 방법이다. 다만 참기름과 들기름은 칼로리가 높으므로 소량만 사용한다.

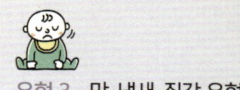
유형 3 맛·냄새·질감 유형

> 유아기가 지나면 아이들은 바삭한 식감을 좋아한다. 향이 강한 식재료는 전이나 튀김으로 조리하면 먹이기에 좀 더 수월하다.
>
> 6 돌 이전에 과일을 먹일 때는 과일망을 사용한다. 과일은 단맛과 달콤한 향이 있어서 아이들이 좋아하는 식재료로, 과일 향에 익숙하게 한 후 과일망에 넣어 먹는 연습을 하기에 좋다. 으깨고, 씹는 연습을 하는 데 더할 나위 없이 좋다.
>
> 7 설탕은 재료를 부드럽게 만들고 다른 조미료의 맛을 스며들게 하므로 조리할 때 제일 먼저 넣는 것이 좋다. 다음은 소금, 식초, 그리고 향이 중요한 간장·된장은 마지막에 넣고 한소끔 끓인다. 조미료의 순서를 잘 사용하면 적은 양만으로도 원하는 맛을 충분히 낼 수 있다.

로 먹이지는 말고 며칠 쉬었다가 다시 주세요. 이유식 시기에 채소와 친숙해지는 과정이 적절하게 이루어지지 않으면, 커가면서 아이는 계속 채소를 거부하고 편식도 하게 됩니다.

 **Baby's Case 3 쓴맛과 냄새**
피망을 먹지 않아요

피망을 안 먹는 아이가 뜻밖에 많습니다. 피망은 어른들도 꺼리는 이가 많은 식품이죠. 피망은 알록달록한 파프리카와 비슷하기는 해도 쓴맛이 강한 편입니다. 피망을 거부하는 이유는 피망 안에 있는 알칼로이드 성분의 강한 쓴맛과 피망의 독특한 향 때문입니다.

식물은 방어 기전으로 강한 향을 내기도 하는데, 피망도 그중 하나입니다. 피망에 든 파라진(pyrazine)이라는 성분이 내는 향에 거부감을 느끼는 것이지요. 피망에 대한 거부감을 없애고 잘 먹게 하려면 엄마는 다른 채소를 먹일 때보다 더 많은 노력과 다양한 전략을 써야 합니다. 피망을 직접 키우며 애정을 갖게 하는 것도 좋은 방법입니다. 키우기가 어렵다면 피망 향을 자주 맡게 한다거나, 피망을 재료로 하는 요리를 할 때 옆에서 돕게 한다든지, 피망을 직접 만져보고 놀게 하는 것 등도 좋은 방법입니다. 피망을 개량하여 향과 쓴맛을 약화한 파프리카로 먼저 시도한 후 차차 음식에 피망을 조금씩 넣어보세요.

그리고 엄마도 피망의 향을 최소화하는 요리법으로 조리하세요. 향과 질감이 강한 채소는 먼저 질감이 없어질 정도로 잘게 다진 후 아이가 잘 먹는 음식에 조금씩 넣어 향에 익숙해지는 시간을 갖는 것이 좋습니다. 잘게 다져서 넣은 볶음밥 등을 잘 먹으면 질감이 있는 형태로 점차 덩어리를 크게 해보세요.

Baby's Case 4 짠맛
간을 한 음식만 먹으려고 하는데 음식에 간을 해도 되나요?

짠 김치나 국을 주로 먹다 보면 나트륨 섭취가 높아집니다. 최근 이와 관련해 고혈압이나 위 관련 병이 문제가 되고 있지요. 짜게 먹는 것을 예방하기 위해 이유식에 간을 하지 않는 것을 권장하고 있습니다.

그러나 영아기 때부터 간이 된 음식을 선호하는 아이가 있습니다. 아이가 간을 한 음식만 먹으려고 할 때 어떤 선택을 해야 할까요? 너무 고민하

지 마시고 소량의 간을 하세요.

  이유식에 간을 하지 말라는 것은 어릴 때 짠맛에 덜 노출되면 자라서 짠 음식을 덜 먹게 된다는 연구에 근거해 싱겁게 먹이라는 것이지, 12개월 전에 소금(나트륨)을 아예 먹이지 말라는 것을 의미하지는 않습니다. 소금을

> **Advice For Mom**   소금 – 생명 활동의 근원, 맛의 기본과 완성
>
> 짠맛을 내는 소금은 시대 변화에 따라 평가가 극명하게 달라진다. 소금은 인간을 비롯하여 모든 생명체의 생명 활동의 근원이다. 우리 몸에는 하루 1g 정도의 소금이 필요하다. 소금이 부족하면 신경전달 등 생명 유지에 필수적인 활동에 문제가 생겨 죽는다.
>
> 바다를 떠나 육지에서 생활하는 생명체는 근본적으로 소금을 얻기가 쉽지 않기 때문에 본능적으로 소금을 얻고자 하는 행동을 한다. 예를 들면 바닷가 근처에 사는 개미는 설탕을 좋아하고 바다에서 멀리 떨어져 사는 개미는 설탕보다 소금을 더 좋아한다. 또 육식동물이 내장을 먼저 먹는 것은 소금을 보충하기 위한 행동이라고 한다. 곡류 섭취를 주로 하는 인간도 소금이 부족하기 때문에 역사적으로 소금은 동서양을 막론하고 경제적·사회적으로 막강한 영향력을 행사했다. 그러던 소금이 현대에 와서 저렴한 가격에 쉽게 얻을 수 있는 재료가 되면서 과잉 섭취가 문제로 대두되었고, 만병의 근원으로 취급받기 시작했다. 그러나 꼭 알아야 할 것은 소금은 매일 섭취해야 하는 필수적인 영양소라는 사실이다.
>
> 그동안 소금이 질병 문제의 중심에 서면서 짠맛에 대한 능력은 과소평가를 받고 있다. 소금은 맛의 기본이며 맛의 중심이다. 소금이 빠진 음식은 개별의 맛을 느낄 수 없다. 짠맛은 단맛을 강하게 하고, 신맛을 부드럽게 하며, 잡냄새와 쓴맛을 억제하고, 잡냄새 휘발을 촉진하여 식품 본연의 향을 진하게 한다. 풋내만 나던 나물이 소금을 넣으면 나물 특유의 향과 맛을 내 맛있는 반찬으로 변하고, 맵기만 한 김치찌개에 소금을 넣으면 매운맛이 덜해지고 맛이 완성된다. 음식이 짜다는 것은 소금을 필요 이상으로 넣었을 때다. 음식 본연의 맛은 즐기면서 짜지 않을 정도의 염도에 적응하는 훈련이 필요하다.

넣는다고 음식이 다 짜지지 않습니다. 맛의 조화란 생각보다 오묘하고 복잡합니다. 음식에 소금이 들어가면 어떤 때는 맛있는 맛을 더 강하게 하고, 비린 맛을 약화시키며, 채소의 풋내를 잡아주고 풋맛을 없애줍니다.

아이 중에는 이러한 미묘한 맛의 차이를 구별하여 나트륨이 소량 들어가 맛이 최적화되었을 때 먹는 아이들이 있습니다. 어른들이 먹는 것보다 훨씬 싱거운 정도로 간을 하면 아이가 짜게 먹게 될 염려도 없고 음식 맛도 풍부해집니다.

나트륨 섭취를 연구하는 전문가들의 의견에 의하면 아기 때 간을 안 해주어도 집안 식구들이 짜게 먹으면 결국에는 짠 음식을 좋아하게 된다고 하네요. 아이가 싱겁게 먹어 건강한 식생활을 하기 바란다면 가족 모두 싱겁게 먹는 쪽으로 바꿔보면 어떨까요?

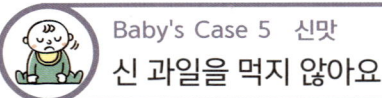

Baby's Case 5 신맛
신 과일을 먹지 않아요

신 과일을 먹지 않는 아이들이 있습니다. 신맛은 과일을 과일답게 하는 맛입니다. 조리된 음식 중에도 산미를 조금 가미하면 맛이 상큼하고 좋아지는 식품들이 있습니다. 그런데 새콤한 산미에 대해서는 호불호가 많이 갈리죠. 식탁에 늘 올라오는 김치도 시어야 먹는 사람이 있지만 시어지면 먹지 않는 사람이 있습니다.

신맛은 원래 식품의 상태를 경계하는 감각이었습니다. 음식이 발효되거나 상해서 썩으면 신맛이 납니다. 음식이 부족하던 시절에는 음식이 조금

유형 3 맛·냄새·질감 유형

> **Advice For Mom** 　신맛 - 위험과 건강을 동시에 가진 맛
>
> 맛을 연구하는 과학자들은 신맛을 위험을 감지하는 맛이라고 설명한다. 미생물에 의해 식품이 분해되면 산이 생성되고 산은 신맛을 낸다. 식품이 상하기 시작하면 신맛이 나기 시작하므로 음식 맛을 보아 신맛이 나면 식품의 부패를 의심하고 자연스럽게 주의를 하게 된다.
> 신맛은 화학원소 중 가장 분자량이 작은 수소이온(H+)이 일으키는 맛으로 다섯 가지 기본 맛 중에서 맛세포의 신호전달 경로에 관해 밝혀진 것이 가장 적지만, 신맛 자체를 내는 것 외에도 다양한 기능을 한다. 과일의 신맛은 새콤한 맛을 내고, 다른 맛을 상승시키기도 하며, 향을 강하게 하는 역할을 한다. 음식을 만들 때 식초를 넣으면 새콤한 맛뿐 아니라 음식의 향이 깊어지기는 것도 이런 작용 때문이다.
> 이처럼 위험을 감지하는 맛이자 음식의 깊이를 더하는 두 얼굴을 가진 신맛은 사람마다 호불호가 극명하게 나뉜다.

상했다고 다 버릴 순 없었습니다. 상한 정도를 판단해서 먹어야 하는데 그 판단의 기준이 바로 신맛이었던 것이지요.

　본능대로 행동하는 신생아는 쓴맛과 더불어 신맛도 선호하지 않습니다. 하지만 신맛은 조금씩 먹이면 선호도가 금방 상승하는 맛이라 거부감이 오래가지 않습니다. 사람에 따라 신맛을 감지하는 민감도가 달라서 조금만 시어도 매우 시다고 느끼는 사람이 있는데 이는 유전적인 현상이라 노력으로 극복하기는 힘들다고 하네요.

　신맛은 짠맛과 단맛으로 억제되는 특징이 있습니다. 따라서 신맛의 음식을 꼭 먹이고 싶다면 설탕과 소금을 약간씩 첨가하면 좋습니다.

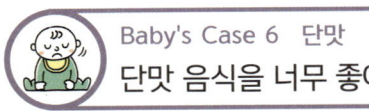

Baby's Case 6 단맛
단맛 음식을 너무 좋아해요

단맛은 누구나 즐기는 맛이고 먹는 즐거움의 원천입니다. 아쉽지만 현대사회에서는 비만율이 증가하면서 단 음식이 항상 즐겁게 즐길 수 있는 맛이 아니게 되었지요.

단맛은 어릴 때 잘 훈련해야 합니다. 강한 단맛에 일찍 노출된 아이들은 계속 단맛을 찾게 되고 많이 달아야 그제야 달다고 느끼게 됩니다. 최근 어린이집에 12개월 미만의 아이를 보내는 경우가 많아지면서 간식으로 단

> **Advice For Mom 단맛 – 에너지를 내는 맛**
>
> 단맛은 우리가 본능적으로 가장 선호하는 맛이다. 천연 물질의 단맛은 당에서 오는 맛이고 당은 에너지를 낸다. 다시 말하면 우리 몸이 단맛을 찾는 것은 에너지를 얻기 위한 본능이다. 단맛을 내는 대표적인 물질은 설탕 외에도 포도당·과당 같은 천연당, 사카린·아스파탐·시클라메이트·아세설팜 같은 인공 감미료가 있다. 천연당과 인공 감미료는 서로 화학구조가 다를 뿐 아니라 달콤함의 질에도 차이가 난다. 하지만 단맛 물질의 종류가 다르다고 해도 입안에서 결합하는 단맛 수용체는 하나다.
> 아이들은 이유식 시기에 노출된 단맛에 호감이 증가한다. 어릴 때 강한 단맛에 노출될 경우 강한 단맛에 대한 선호도가 지속되므로 단맛에 노출되지 않도록 하는 게 좋다. 그러나 강한 단맛을 피하자는 것이지 단맛 자체를 영유아기에 피해가야 할 맛으로 생각해서는 안 된다. 이유식에 단맛을 적절하게 이용하면 아이들이 잘 먹는 이유식을 만들 수 있다. 단호박, 익힌 양파 등과 같이 단맛을 내는 채소를 활용하면 좋다. 단맛은 쓴맛을 줄이고 좋은 향을 더 강하게 해 아이들이 잘 먹는 음식을 만드는 데 도움이 된다.

유형 3 맛·냄새·질감 유형

음식을 먹을 기회가 늘어 앞으로 더 문제가 될 것으로 보입니다. 대개 단맛을 내는 간식은 칼로리가 높은 경우가 많고, 먹는 양 또한 많아져서 비만으로 연결되는 사례가 많습니다.

아이가 단 음식을 너무 찾나요? 혹시 집 안에 단 음식을 쌓아놓고 아이가 단 음식을 너무 찾는다고 걱정하는 것은 아닌지 한번 점검해보세요. 눈앞에 두고 안 주는 것은 아이와 갈등을 만드는 일입니다. 혹시 아이와 함께 외출할 때 달래기용으로 과자를 주고 있지는 않나요? 아이가 음식을 잘 안 먹어서 걱정하는 마음에 간식이라도 많이 먹으라고 과자를 주고 있지는 않나요? 집 냉장고에 요구르트가 늘 채워져 있나요? 아이의 환경을 건강한 환경으로 바꿔주세요. 간식은 과일이나 단호박 등 자연에 있는 단맛으로 준비하고, 과자·사탕·아이스크림·단맛이 강한 요구르트처럼 단순 당이 많이 들어 있는 간식은 되도록 집에 두지 마세요. 실제로는 가족들이 먹는 음식도 바꿔야 할 거예요. 건강한 간식 먹기에 가족도 동참하여 아이와 갈등이 생기지 않도록 배려해주세요.

 **Baby's Case 7 냄새**
고기를 먹지 않아요 / 우유를 먹지 않아요

아이 중에 드물게 고기를 먹지 않는 아이들이 있습니다. 고기 맛을 내는 것은 감칠맛입니다. 감칠맛은 인간이 본능적으로 선호하는 맛이지요. 그래서 누구나 고기를 좋아할 수밖에 없습니다. 그런데 왜 고기를 싫어하는 것일까요? 몇 가지 이유를 생각해볼 수 있습니다.

첫째, 고기의 누린 냄새 때문입니다. 고기는 시간이 좀 지나면 누린내가 나기 시작해 점점 심해집니다. 누린내는 맛이 아니라 냄새로 고기의 기름 성분이 산패되고 변성될 때 더 심하게 납니다. 냄새에 민감한 아이는 이 누린내에 거부감을 느낄 수 있습니다. 이럴 때는 신선한 고기를 사서 핏물을 제거하고 바로 조리를 해서 먹여보세요.

둘째, 고기를 먹을 때 안 좋은 경험을 하면 고기가 맛없다고 기억에 남습니다. 예를 들어 고기를 먹고 탈이 났다거나, 병이 회복되지 않은 상태에서 부모의 강요로 어쩔 수 없이 억지로 먹었다든가 하는 경험이 있을 수 있습니다. 우유를 잘 먹던 아이가 우유를 먹지 않는 것도 이런 경험이 크게 작용합니다. 우유를 먹고 탈이 난 적이 있다면 몸이 이를 기억하는 것이죠.

저도 음식과 관련된 기억이 있습니다. 초등학교 2학년 때였습니다. 시골에서 닭을 쫓으면서 놀고는 했는데, 어느 날 할머니가 키우던 닭을 잡는 모습을 보고 말았습니다. 그날 밥상에 그 닭고기가 올라왔죠. 닭고기 국물이 너무 역겹게 느껴졌습니다. 그 후로 대학 입학 전까지 닭고기뿐 아니라

Advice For Mom 감칠맛 - 단백질이 내는 맛

감칠맛도 단맛처럼 인간이 본능적으로 선호하는 맛이다. 단맛이 에너지원을 찾는 것이라면, 감칠맛은 대부분 단백질에서 오기 때문에 우리 몸에 필요한 단백질을 섭취하려는 본능이 작용하는 것이다.
아이가 이유식을 잘 안 먹는다면 버섯, 멸치, 다시마 등으로 국물을 내서 이유식을 만들면 감칠맛이 더해져 잘 먹는다.

유형 3 맛·냄새·질감 유형

쇠고기, 돼지고기도 먹지 않게 되었습니다. 고기를 먹으면 너무 역겨웠거든요. 저처럼 어떤 경험으로 특정 식품에 안 좋은 기억이 생기면 싫어하는 맛에 대한 반응이 오래갑니다.

그럼 전 어떻게 고기를 다시 먹게 되었을까요? 제가 대학생 때는 학교 친구들이나 동아리 모임 때 고기를 먹는 일이 거의 없었습니다. 요즘과 달리 그 시절에는 고기가 고급 음식이었거든요. 그런데 어느 날 한 모임에서 양념 돼지갈비를 먹게 되었습니다. 비싼 음식을 나 혼자 못 먹고 있으니 억울한 생각이 들어 맛을 좀 봤는데 세상에 이렇게 맛있는 음식이 있다니, 그전까지 제가 기억하던 고기에 대한 느낌이 한순간에 확 바뀌었습니다. 그 후로 고기를 다시 먹게 되었지요. 나쁜 기억이 새로운 좋은 기억으로 치유되었다고나 할까요. 혹시 아이가 고기에 대한 나쁜 기억으로 안 먹게 된 것이라면 즐거운 경험을 통해 좋은 기억으로 바꿔주세요.

 **Baby's Case 8 냄새**
콩을 싫어해요 / 잡곡을 싫어해요

콩, 잡곡 등은 씨앗 자체를 먹는다는 공통점이 있습니다. 씨앗에는 발아할 때 에너지원이 될 지방이 많이 들어 있습니다. 콩이나 잡곡에 있는 불포화지방은 산패가 잘 됩니다. 곡류나 콩을 오래 두면 냄새가 나는 것은 바로 불포화지방이 산패하기 때문이죠. 단백질이 많은 콩은 아미노산의 향과 지방 냄새가 합해져 특유의 향을 냅니다. 콩 상태에 따라 약간 역겹게 느껴지기도 하는데 흔히들 '콩 비린내'라고 말하죠.

콩은 싫어해도 두부는 좋아하는 경우가 많습니다. 두부는 콩을 갈아 수용성 성분만을 가지고 만들어서 콩 특유의 비린 냄새가 거의 제거됩니다. 아이가 콩을 싫어한다면 두부로 콩의 구수한 맛과 향에 친숙해지게 한 후 콩을 주세요. 그럼 잘 먹을 거예요. 당장은 콩을 안 먹더라도 두부로 대체할 수 있으니 너무 조급하게 생각하지 마세요.

Baby's Case 9　냄새
생선을 싫어해요

갓 잡은 생선은 비린내가 전혀 나지 않습니다. 생선은 죽은 후 시간이 경과함에 따라 트리메틸아민(trimethylamine)이라는 성분이 만들어져 생선 특유의 비린내를 냅니다. 대부분의 사람이 불쾌하다고 느끼는 냄새지요. 또 생선에는 불포화지방이 많아서 쉽게 산패되기 때문에 기름의 산패로 비린 맛의 역겨움이 더 강해집니다.

냄새를 감지하는 감각은 개인차가 매우 크다고 합니다. 냄새에 민감한 아이는 생선의 비린 맛 때문에 생선을 강하게 거부할 수 있습니다. 특히 등푸른생선은 지방이 많아서 조금만 시간이 지나도 다른 생선보다 비린내가 더 심해지지요.

생선을 안 먹는 것으로 엄마와 갈등을 많이 겪어 생선만 봐도 싫어하는 경우가 아니라면, 맛있는 생선으로 아이를 유혹해보세요. 비린 맛과 냄새가 별로 없는 신선한 흰살생선으로 시작하는 것을 권합니다. 옥돔같이 살이 쫄깃한 생선이나 병어처럼 부드러운 생선이 있지요. 아이가 어떤 질감

유형 3 맛·냄새·질감 유형

을 좋아하는지 살펴보세요.

　신선한 생선은 약간의 소금 간을 해서 직화구이를 하는 것이 좋습니다. 기름에 굽거나 튀겨도 되는데, 기름에 구운 것은 두었다가 먹으면 비린 맛이 심해집니다. 생선조림을 어려워하시는 분이 많은데 조리만 잘하면 비리지도 않고 양념과 어우러져 맛있게 먹을 수 있습니다. 우선 간장과 물을 1:3으로 섞고 여기에 설탕과 참기름을 조금 넣은 양념장을 준비하세요. 그 다음 냄비 바닥에 양파나, 무를 깔고 그 위에 손질한 생선을 놓고 생선이 반가량 잠길 정도로 준비해둔 양념장을 넣어주세요. 마늘, 파, 다시마를 함께 넣어주면 맛이 더 좋아집니다. 양념이 바글바글 끓으면 불을 끄고 10분 정도 두세요. 다시 불을 켜고 약한 불에 양념이 배도록 끓여주면 맛있

Advice For Mom   풍미 – 학습, 기억, 문화가 기호를 만든다

기본 맛은 다섯 가지라는데 어째서 우리가 느끼는 맛은 셀 수 없이 많을까?
사실 맛의 다양성은 향과 관련이 있다. 우리가 음식을 먹으면서 느끼는 풍미는 입안에서 느끼는 맛(taste)과 코에서 느끼는 향(flavor)이 합해져서 나온 결과다. 사람은 800~900개 이상의 다른 향을 구별할 수 있다. 생선의 비린내나 산패된 기름 냄새 등은 대부분 싫어하지만, 실제로 향에 대해 '좋다', '나쁘다'라는 개인의 반응은 거의 기억에 의해 결정된다고 한다.
익숙한 것은 안전하다는 것과 연관이 있어 대부분 익숙한 맛을 선호한다. 따라서 좋아하기 위해서는 자주 접하는 게 최선이다. 김치, 꼬리꼬리한 냄새가 나는 치즈, 삭힌 생선(우리나라의 삭힌 홍어, 유럽의 삭힌 청어 등) 등은 향이 무척 강해 처음 접하는 사람들은 역겨워 먹지 못하는 경우가 많다. 하지만 계속 먹어온 지역의 사람은 그 음식 없이 못 살 것처럼 말한다. 이처럼 익숙함과 기억은 음식에 대한 선호도에 큰 영향을 미친다. 향에 대한 나쁜 기억은 오래간다. 맛과 냄새는 학습이고, 기억이고, 문화다.

는 생선조림이 완성됩니다. 조리할 때 7~8분 정도 뚜껑을 열어두는 것도 비린내가 날아가는 데 도움이 됩니다.

Baby's Case 10 냄새
조개나 굴 등 해산물을 먹지 않아요

조개나 굴 같은 해산물을 먹지 않는 아이들이 있습니다. 조개나 굴은 감칠맛을 내는 성분이 많아 국물을 낼 때 흔히 사용합니다. 조개나 굴은 통째로 먹는 식품이라 근육과 내장도 같이 먹게 됩니다. 이때 근육 부분을 싫어하는 사람은 별로 없으나 내장에 거부감이 있는 사람이 많습니다.

내장에는 철분이 많아서 금속 맛이 납니다. 보통 피비린내라고 느끼는 것이지요. 아이가 조개를 싫어한다면 이런 냄새 때문일 수 있습니다. 억지로 먹이지 마시고 처음 시작한다는 마음으로 한 단계씩 밟아 진행하세요. 먼저 조개 육수를 내어 국물 맛에 친숙해지게 하고, 다음 단계로 근육 부분을 먹이고, 마지막에 전체를 먹을 수 있게 이유식을 진행하세요.

Baby's Case 11 냄새
파, 오이를 먹지 않아요

채소 중 당근·애호박·양파는 아이들이 비교적 잘 먹는데, 피망·파프리카·파·셀러리·오이 등은 안 먹는 아이가 많습니다. 이러한 채소들은 성인이 되어도 안 먹는 사람이 많지요. 왜 이런 차이가 날까요? 이유는 향 때문입니다. 채소는 채소마다 특유의 향이 있는데 몇몇 채소는 강한 향을 냅니다. 아이들이 먹기 싫어하는 채소들은 대부분 강한 향을 내는 것들이죠. 파에는 알리신(allicin), 오이에는 노나디엔올(nonadienol), 피망에는 파라진 등 고유 성분이 독특하고 강한 향을 만듭니다. 이러한 강한 향들은 한번 좋아하게 되면 그 향 때문에 매우 선호하기도 하지만 오히려 그 향 때문에 싫어하기도 합니다.

아이들이 처음 접할 때는 보통 싫다는 느낌이 큽니다. 아이들은 기본적으로 채소에 대해 거부감을 느끼는데 여기에 강한 향까지 있어서 싫어하는 채소가 됩니다. 이런 향 성분은 익히면 사라지거나 약해집니다. 향을 약하게 한 상태로 아이에게 자주 접하게 해주는 것이 필요합니다. 오이는 살짝 데쳐내면 특유의 향이 많이 줄고, 간장이나 식초 등에 잠깐 절여 참기름이나 들기름 등을 살짝 덧입히면 향을 줄일 수 있습니다. 이렇게 향을 걷어낸 다음 좋아하는 음식과 함께 먹여보세요.

아이가 채소를 안 먹는다고 아이와 싸우지 마세요. 그렇지 않아도 먹기 거북한데 먹다가 혼나기까지 한다면 더 먹기 싫을 거예요.

 **Baby's Case 12 냄새와 질감**
생채소를 먹지 않아요

아이가 생채소를 먹지 않아 걱정하시는 부모들이 있습니다. 앞에서 채소를 싫어하는 이유는 쓴맛 때문이라고 했는데요, 채소를 싫어하는 이유가 전적으로 쓴맛 때문만은 아닐 수도 있습니다.

생으로 먹는 쌈이나 샐러드는 채소 그대로의 향과 조직감이 살아 있어 성인에게는 신선하게 느껴질 수 있어도 아이에게는 풋내나고 조직감이 거칠어 먹기 힘든 음식일 수 있습니다. 냄새와 질감도 싫어하는 이유로 작용한다는 뜻이지요. 이런 경우라면 채소를 가열한다고 해서 영양소가 다 파괴되는 것은 아니니 살짝 데쳐서 주세요. 냄새와 질감에 변화를 준 채소를 먹이면 생채소에 대한 거부감이 덜해질 거예요. 자라면서 차츰 생채소를 먹는 날이 올 거예요.

Baby's Case 13 질감
다른 채소는 먹는데 버섯은 안 먹어요

유독 버섯만 먹지 않는 아이가 상당히 많습니다. 버섯을 먹지 않아 걱정하는 엄마들의 이야기를 들으면 '우리 아이만 그러는 것이 아니구나'라고 생각하실 겁니다.

버섯은 질감이 물컹하죠. 아이나 어른이나 물컹한 질감의 음식은 싫어합니다. 게다가 버섯은 특유의 강한 향까지 있습니다. 일반적으로 강한 맛은 처음 접할 때 거부감이 심하고 적응하는 데 시간이 걸립니다.

아이에게 버섯을 먹게 하기 위해서는 거부감을 덜어줄 수 있는 요리법을 고민해야 합니다. 팽이버섯, 새송이버섯처럼 향이 강하지 않은 버섯류는 전이나 완자 등을 만들 때 넣으면 좋습니다. 특유의 식감을 줄여서 아이에게 먹여보고 조금 익숙해졌다 싶으면 조금 크게 썰어서 볶음밥이나 국

유형 3 맛·냄새·질감 유형

> **Advice For Mom   조직감 – 맛을 결정하는 요인**
>
> 조직감은 음식의 맛을 결정하는 중요한 요인 중 하나이다. 아삭, 바삭, 물컹, 말랑, 쫄깃, 푸석, 쫀득, 탱탱 등등 사람마다 식감의 미묘한 차이를 표현하는 말도 다양하다.
> 식감 중에 물컹한 식감은 대부분 싫어하는 조직감이다. 물컹한 것은 너무 익었거나 상했을 때의 식감이라서 본능적으로 꺼리게 된다. 예를 들면 호박을 소금에 살짝 절여 볶으면 조직감이 살아 있어 맛있는 음식이 되지만, 생호박을 그냥 볶으면 무르게 되어 사람에 따라 맛이 없다고 느낀다. 고기도 안이 살짝 익을 정도로 구우면 부드럽고 맛있지만, 너무 구우면 질겨서 맛이 없어진다. 식감은 이처럼 음식을 맛있게 하는 중요한 요소다.

등에 넣어주세요.

비타민D가 많은 말린 표고버섯은 좋은 식품이지만 향이 강해서 시도하기가 좀 어렵습니다. 이럴 때는 육수를 낸 국물을 사용하거나 소고기 등과 섞으면 특유의 향을 줄일 수 있습니다. 물컹한 식감은 기름에 살짝 볶은 후 조리하면 쫄깃해져서 고기 같은 식감으로 바뀌고요. 바삭한 식감을 내는 전이나 튀김도 좋습니다. 버섯을 다른 채소와 섞어 전을 부쳐주면 안 먹던 아이도 맛있게 먹습니다.

아이가 바삭바삭한 식감을 좋아하는지 혹은 쫄깃쫄깃한 식감인지 살펴보세요. 아이가 좋아하는 식감이 어떤 것인지만 찾아내도 아이에게 먹이는 일이 훨씬 쉬워집니다.

발달 유형

씹고 삼키는 기능 발달과 관련된 유형 확인하기

씹기
- 씹지 않고 삼키려 해요.
- 씹는 음식을 싫어해요.
- 씹는 것 자체를 좋아하지 않고 질긴 음식은 입에 물고 있어요.
- 씹지 않고 급하게 먹어서 가끔 소화불량에 걸려요.
- 질긴 음식을 먹지 않아요. 나물류나 고기류가 질기면 먹지 않아요.
- 고기에 따라 잘 못 씹는 경우가 있어요.
- 고기를 잘 먹지 않아요.
- 고기 씹는 것을 힘들어해요.
- 고기가 조금만 크면 거부해요.
- 다진 채소가 아니면 먹지 않아요.
- 밥을 물에 말아서 먹어요.
- 밥을 입에 물고 빨아 먹어요.
- 딱딱한 질감의 음식은 먹지 않아요.

삼키기
- 고기를 크게 잘라서 주면 씹기만 하고 삼키지 못해서 매번 잘게 잘라서 주어야 해요.
- 고기를 물고 삼키지 않아요.
- 고기를 씹어서 뱉어내요.
- 큰 크기의 음식을 주면 먹다가 헛구역질을 해요.
- 자꾸 뱉어내는 습관이 있어요.
- 씹다 뱉어내는 과일이 있어요.

씹고 삼키기 어려워 안 먹는 아이

안 먹는 아이를 둔 부모의 걱정을 들어보면 "아이가 음식을 입에 물고만 있고 삼키지 않아요", "음식을 뱉어내요"라는 고민이 많습니다. 씹고 삼키는 능력은 아이마다 조금씩 발달 정도가 다를 수 있습니다. 씹거나 삼키는 능력이 또래 아이들보다 더디 발달하는 경우도 있고, 평소 음식을 먹을 때 씹고 삼키는 연습이 충분하지 않아 힘들어하는 경우도 있습니다. 따라서 아이가 잘 삼키지 않는다고 해서 지나치게 걱정할 일은 아닙니다.

씹고 삼키는 능력은 아이가 성장하면서 발달하는 능력입니다. 발달 과정 중 하나라는 이야기지요. 하지만 씹고 삼키는 능력은 매우 정교하고 어려운 발달 과정이라 끊임없는 훈련과 연습이 필요합니다. 아이들은 태어나서부터 매일매일 먹으면서 끊임없이 씹기와 삼키기 훈련을 합니다. 아이가 음식을 잘 못 먹는다고 해서 너무 조바심 내지 말고 차근차근 씹기와 삼키기 훈련을 꾸준히 해주세요.

혹시 먹여주는 부모인가요?

식당에 가보면 아이와 함께 식사하러 온 가족 중에 아이가 스스로 먹을 수 있는 나이인데도 부모가 먹여주는 모습을 흔히 볼 수 있습니다. 익숙한 공간이 아닌 집 밖에서 하는 식사다 보니 아이가 흘릴까 봐 엄마가 먼저 나서서 도와주는 일도 있지만, 아이가 스스로 먹으려고 시도도 하지 않고 부모가 주는 음식을 입만 벌려 받아먹는 경우도 많습니다.

아이가 스스로 먹는다는 것은 여러 가지 의미가 있습니다. 아이들이 수저로 음식을 떠서 흘리지 않고 먹는다는 것은 끊임없는 훈련을 통해 근육과 조절 능력이 완성되었다는 증거입니다. 처음에는 자기 주먹을 입으로 가져가지도 못하는 아이가 수저라는 도구를 써서 그 위에 음식을 올려놓고 떨어지지 않게 조절을 해가며 입 쪽으로 가져갑니다. 입으로 음식을 무사히 넣는다는 것은 아이 입장에서 보면 매우 대단한 일을 해낸 겁니다. 아이가 한 단계 한 단계 성공할 때마다 아이의 성공과 노력을 기뻐하고 격려해주면 아이는 다른 일을 시도하는 데도 적극적이고 주도적이 됩니다.

아이가 스스로 먹는 것은 단순히 영양을 섭취한다는 의미만이 아닙니다. 근육과 신경 조정 능력을 발달시키고 아이 스스로 연습하고 목적을 달성해 성취감을 얻어가는 과정입니다. 많이 먹이고 빨리 먹이고 싶은 마음을 다스리고 아이가 먼저 스스로 할 수 있는 기회를 주세요. 아이가 너무 힘들어 할 때 조금씩만 도와주세요. 우리 아이가 조금 늦는 것 같아도 시간이 지나면 먹는 일도 놀이처럼 즐겁다고 느끼게 될 거예요. 식사가 즐거워지면 먹는 양도 당연히 늘어납니다.

씹고 삼키는 능력은 근육이 발달하는 과정이에요

아이가 스스로 아무 문제 없이 식사를 하려면 앉기, 손으로 떠먹기, 씹기, 삼키기 등에 관여하는 다양한 근육 활동이 필요합니다. 아이들은 근육 운동이 미숙하지만 훈련을 통해 생후 24개월까지 기능이 완성되어 갑니다.

혼자 앉기

너무 당연해 보이지만 앉아야만 정상적인 식사활동이 가능하겠지요. 혼자 앉기는 생후 6~9개월에 가능합니다.

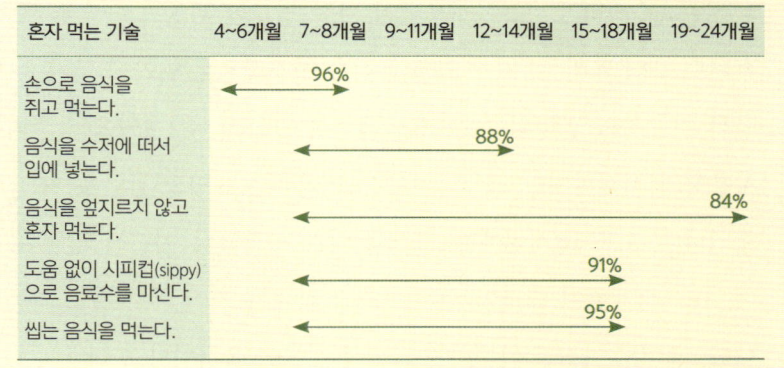

Advice For Mom 월령별 혼자 먹는 능력 발달

식사에 필요한 근육 운동 발달은 ①혼자 앉기(조대운동), ②손으로 집어서 입으로 가져가기(미세운동), ③씹어서 작게 만든 후 식도로 넘기기(구강운동) 등의 과정으로 나눌 수 있다. 혼자 먹는 기술은 월령별로 단계적으로 발달한다.

혼자 먹는 기술	4~6개월	7~8개월	9~11개월	12~14개월	15~18개월	19~24개월
손으로 음식을 쥐고 먹는다.	96%					
음식을 수저에 떠서 입에 넣는다.		88%				
음식을 엎지르지 않고 혼자 먹는다.						84%
도움 없이 시피컵(sippy)으로 음료수를 마신다.					91%	
씹는 음식을 먹는다.				95%		

월령별 혼자 먹는 능력 발달 성취도(%)

손으로 집어서 입으로 가져가기

아이가 음식을 집어 입으로 가져가려면 손을 직접 쓰거나 도구로 집을 수 있는 손 운동과, 집은 음식을 입으로 가져가 넣는 협응력이 발달해야 합니다. 손을 사용하는 미세 운동은 젖병, 컵, 수저와 같은 도구를 사용해야 하는 기능과 관련이 있습니다.

- **젖병으로 먹기** 아이가 물건을 잡기 시작하는 4~5개월에 시작하여 적어도 9개월 전에는 도움 없이 잡는 것이 가능해지고, 12개월 즈음이면 두 손으로 젖병을 잡고 먹을 수 있습니다.

- **컵으로 먹기** 흘리지 않고 컵에 있는 액상의 음식을 먹기 위해서는 입술로 컵을 밀착하여 적절한 힘으로 빠는 조절 작용이 필요합니다. 혼자 컵을 사용해 마시려면 바로 앉기, 손으로 잡고 기울이기 등의 근육 활동이 잘돼야 가능하겠지요. 6~9개월 사이에 컵을 잡아주면 마시고, 9~12개월에는 컵을 오랫동안 잡고 스스로 먹는 시도를 하고, 12~18개월에는 흘리지 않고 먹을 수 있습니다.

- **수저를 이용해 먹기** 도구 사용에서 가장 정교한 과정으로 수저 잡기, 수저로 음식 뜨기, 수저에 있는 음식을 성공적으로 입안에 넣기 등 다양한 소근육의 발달과 협응력이 필요합니다. 9~12개월에는 수저를 사용하기 시작하지만 먹는다기보다는 대부분 흘리고 장난을 치는 수준입니다. 12~18개월에는 스스로 먹기 시작하나 여전히 많이 흘리며, 18~24개월이 돼서야 수저로 스스로 먹는 것이 어느 정도 가능합니다. 그래도 아직은 완벽하지 않아 음식물을 흘립니다.

구강 내 운동

씹고 삼키기는 턱, 혀, 인두, 후두, 식도에 이르는 기관의 다양한 근육과 반사작용이 관여합니다.

- **씹기** 6~9개월에 턱의 아래위 운동만으로 씹는 수직씹기(munching)가 시작되고, 9~12개월에 턱을 좌우상하로 움직이고, 혀로 돌려가면서 씹는 돌려씹기(chewing)가 가능해집니다. 12개월 이후 수직씹기, 돌려씹기 등의 훈련을 계속하면 18~24개월쯤에는 질긴 고기나 딱딱한 음식을 먹을 수 있습니다.
- **삼키기** 인후두에서의 삼킴은 음식이 기도로 넘어가지 않고 식도로 넘기는 매우 정교하고 어려운 과정입니다. 아이들이 음식을 씹고도 삼키지 않고 뱉는 것은 음식물 덩어리가 아이가 삼키기에는 너무 크거나 질겨서 아이의 능력을 벗어난 경우가 많습니다. 보통은 24개월이 되면 성인식을 삼키는 데 문제가 없을 정도로 발달합니다.

음식을 잘 씹고 잘 삼키려면 지속적인 훈련이 필요해요

엄마의 젖을 반사적으로 빠는 능력만 있던 신생아가 생후 24개월에는 앉아서 다양한 고형식을 스스로 떠먹고 잘 삼키는 성인식에 가까운 식사가 가능해집니다.

인간의 성장 발달에서 섭식 발달은 출생 직후부터 24~36개월이라는 짧은 기간에 완성되는 놀라운 기적입니다. 인간의 발달 과정 중 가장 알려져 있지 않는 부분이 씹고 삼키는 능력입니다.

삼킴은 음식이 기도로 넘어가지 않고 식도로 들어가게 하는 매우 복잡하고 정교한 활동입니다. 아이 중에는 이 기능이 조금 늦게 발달해서, 혹은 적절한 시기에 씹고 삼키는 훈련이 안 되어 기능이 떨어질 수 있습니다.

최근 부모들이 이유식을 준비할 때 아이에게 먹기 좋게 한다고 너무 갈고 다지는 경향이 있습니다. 아이가 씹고 삼킬 수 있는 능력보다 조금 높은 단계의 음식을 줄 때 씹고 삼키는 능력이 발달합니다. 그렇다고 씹고 삼키는 기능을 많이 초과하는 음식을 주면 탈이 나거나 음식에 대한 거부감이 생길 수 있으니 적절하게 조절해야 합니다. 아이들은 의사 표현을 명확히 하는 데 한계가 있어 주로 거부하는 행동으로 자신의 불편함을 표현합니다. 아이의 상태를 잘 관찰하며 크기를 조절해주세요.

씹고 삼키기는 간혹 응급실을 찾아야 하는 심각한 문제를 초래하기도 합니다. 바로 유아와 소아에게 흔히 발생하는 흡입사고입니다. 흡입사고를 유발하는 식품으로는 땅콩·잣·호두·밤 같은 견과류, 떡, 포도알이나 과일 조각 등이 있습니다. 씹고 삼키는 기능이 아직 미숙한 아이가 이런 음식을 먹다가 기도로 넘어가면 큰 사고로 연결될 수 있으니 주의해야 합니다.

너무 늦게 이유식을 시작하면
음식을 잘 씹지 못하는 아이가 돼요

어른들은 씹는 데 어려움이 없다 보니 씹는 것이 별것 아니라고 생각하

유형 4 발달 유형

는 것 같습니다. 하지만 씹는 능력은 영유아기에 많은 훈련에 의해 완성되는 능력입니다. 갓 태어난 아기들은 액체 형태의 음식만 먹을 수 있습니다. 24개월이 되면 고기나 딱딱한 음식을 먹을 수 있게 됩니다. 씹기 훈련이 이루어지는 시기는 생후 6~24개월입니다. 6~12개월 사이에 씹기의 기초가 다져지고, 12~24개월에는 성숙과정을 거칩니다. 이 시기를 놓치면 개월 수가 늘어도 씹기 기능이 미숙한 상태가 지속됩니다. 보통 36개월이 되면 질기든 딱딱하든 웬만한 음식을 어렵지 않게 먹을 수 있습니다.

최근 연구결과에 의하면 생후 6~10개월이 '씹고 삼킴 기능'에 결정적인 시기라고 합니다. 이유식을 조금 늦은 10개월쯤에 시작한 아이들을 7세까지 관찰한 결과 7세에 씹고 삼키는 기능이 또래 아이들보다 떨어졌다고 합

Advice For Mom 씹는 능력 – 생후 6~10개월이 가장 중요

씹기 기술은 생후 1년 동안 빠르게 발달하는데 이가 나는 것과는 독립적이다. 씹기 기술은 24개월까지 꾸준히 좋아지지만 중요한 시기는 6~10개월이다. 아이의 씹기 능력을 향상시키기 위해서는 먹는 능력이 발달하는 시기에 맞게 서서히 단단한 식품을 주어야 한다.

씹기 능력 향상에 필요한 식품이란 현재의 능력보다 조금 높은 수준 정도의 딱딱함이나 질긴 정도를 가진 식품을 말한다. 현재 아이의 씹기 능력보다 월등히 높은 수준의 식품을 줄 경우 먹지 못할 뿐 아니라 잘못하면 기도로 들어가 사고로 이어질 수 있다. 능력보다 낮은 수준의 고형식을 지속적으로 주는 경우에는 먹는 능력이 발달하지 않아 고형식을 먹는 데 문제가 생긴다.

씹지 않고 주로 삼키면서 먹는 아이들의 경우 식사시간이 짧아지고 소화불량과 소아 비만의 위험이 커진다. 10개월 이후 너무 늦게 이유식을 시작한 경우에는 으깨고 씹는 단계를 충분히 거치지 못해 유아기 동안 먹는 기술 훈련에 어려움이 따른다.

니다. 실제 주변에도 5~6세가 넘었는데도 딱딱하거나 질기면 잘 먹지 못해 부드러운 음식만 먹는 아이들이 꽤 많습니다. 다양한 조직의 음식을 먹지 못하니 음식의 종류가 다양하지 못하고 먹는 양도 적어 안타깝습니다. 해결책은 없을까요? 상당 부분 씹기 훈련으로 해결할 수 있습니다. 아이의 나이가 몇 살이든 또래와 비교해 씹는 기술이 부족하다면 씹는 훈련을 다시 시작해보세요. 훈련을 시작할 때는 아이의 현재 씹기 능력을 파악하고 또래의 수준에 이를 때까지 서서히 진행해야 합니다.

아기 때 씹기 훈련이 부족하면 유아기 비만에도 영향을 끼쳐요

비만한 아이들의 식습관을 살펴보면 음식을 씹지 않고 삼키는 경우가 많습니다. 씹지 않고 삼키다 보면 빨리 먹게 되고 빨리 먹으니 포만감을 느끼기도 전에 이미 많은 양의 음식을 먹게 되지요. 이유식을 시작한 시기가 너무 늦거나 이유식 시기에 적절히 단단하고 질긴 음식으로 씹는 연습을 충분히 하지 않으면 식습관도 나빠집니다.

유아기에는 씹지 않아 잘 못 먹는 아이였는데 어느 시점부터는 씹지 않고 급하게 삼키듯이 먹는 아이가 됩니다. 그렇게 음식을 먹다 보면 먹는 양이 많아져 비만해질 우려가 있지요. 미숙아 중에 어릴 때는 작아서 걱정이었는데 성장하며 뚱뚱해져서 걱정하는 부모를 자주 보는데 바로 이런 경우가 그렇습니다.

'세 살 버릇이 여든까지 간다'는 속담처럼 24개월 미만에 형성된 능력이나 습관은 평생 갈 수도 있습니다. 아이의 좋은 식습관을 위해 부모가 왜

유형 4 발달 유형

Advice For Mom 씹기 - 수직씹기와 돌려씹기의 차이

씹기에 치아가 중요하지만 더 중요한 것은 턱의 움직임이다. 갓 태어난 아기들은 빨기만 가능한데 이때 빠는 방법은 혀가 앞뒤로만 움직이는 빨기(sucking) 형태다. 혀가 앞뒤뿐 아니라 아래위로 움직이는 빨기(sucking)는 보통 생후 3개월 이후에 나타난다.

6개월 정도가 되면 아이가 턱을 아래위로 움직이면서 액체가 아닌 음식을 오물거리면서 먹을 수 있다. 이때 턱을 아래위 수직으로 움직이면서 먹는 형태를 수직씹기(munching)라고 한다. 9~12개월 되면 턱이 좌우로도 움직일 수 있게 되면서 알갱이가 있는 음식을 입안에서 혀로 돌려가면서 으깨듯이 씹는다. 이렇게 턱을 상하좌우로 움직이면서 먹는 형태를 돌려씹기(chewing)라고 한다.

다양한 형태와 질감의 음식을 먹기 위해서는 돌려씹기까지 완성되어야 한다. 12개월 이후에 수직씹기, 돌려씹기 등의 훈련을 지속해 18~24개월이 되어야 질긴 고기나 딱딱한 음식을 먹는 것이 가능해진다.

전력을 다해야 하는지 알겠지요. 24개월 미만에 길든 씹기 습관이 유아기 이후 비만에도 영향을 줄 수 있다는 점 잊지 말고, 24개월이 되기 전에 음식을 꼭꼭 씹어서 삼켜 먹는 습관을 길러주세요.

 **Baby's Case 1 씹기**
고기 씹는 것을 힘들어해요 / 질긴 채소를 못 씹어요

　고기나 질긴 채소는 턱이 상하좌우로 움직이면서 음식을 갈듯이 자르고 으깨야 삼키기에 좋은 상태가 됩니다. 따라서 아이가 고기나 질긴 채소를 못 먹는다는 것은 돌려씹기를 못한다는 뜻입니다.
　아이가 먹기에 수월하도록 부드러운 음식을 주로 주거나 미리 잘게 잘라서 주는 엄마가 있습니다. 하지만 이런 음식은 수직씹기만으로도 충분히 삼킬 수가 있어서 아이는 돌려씹기를 하지 않게 됩니다. 만일 이유식을 9개월 이후에 시작했다면 수직씹기를 너무 늦게 시작한 경우라 씹는 것 자체를 별로 하지 않고 대충 씹고 넘기는 버릇이 들게 됩니다.
　돌려씹기 연습을 해야 하는 중요한 시기인 9~12개월에는 죽을 만들 때 쌀, 고기, 채소를 부드러운 상태까지 끓이기는 하지만 형태나 모양이 있는

몽글몽글한 상태여야 으깨어 씹는 연습이 됩니다. 그런데 이 시기에도 재료를 다 갈아 오물거리기만 해도 먹을 수 있는 형태로 주면 씹을 필요가 없어 씹기 연습이 부족해집니다. 12개월 이후에도 지속적인 연습으로 씹기가 완성되어야 하는데 이 시기에 국이나 물에 말아 먹인 경우도 마찬가지로 연습할 기회가 없어져 버립니다.

하지만 훈련을 제대로 못했다고 너무 속상해하지는 마세요. 원인을 파악했다면 지금이라도 개선을 위해 노력하면 되니까요. 조급해 마시고 씹는 연습을 할 수 있는 음식을 주세요. 아이에게 '잘 씹는 것이 왜 중요한지'를 설명하고 엄마와 함께 연습해보세요. 시간은 좀 걸리지만 반드시 나아질 수 있습니다.

Baby's Case 2　씹기
만 4세가 지났는데도 질긴 음식은 못 먹어요

만 4세가 지났는데도 딱딱하고 질긴 음식은 잘 못 먹나요? 혹시 물에 자주 말아 먹였나요? 이유식을 9~10개월에 시작했나요? 아이 먹기 쉬우라고 부드러운 음식들 위주로 주고, 잘게 잘라서 주나요? 이 중 어느 하나에라도 해당된다면 아이는 씹기 훈련이 부족해서 씹는 습관이 덜 되어 있을 확률이 높습니다.

아이가 음식물을 씹는 모습을 잘 관찰해보세요. 턱의 움직임이 위아래와 좌우로도 움직이는지, 몇 번 씹다가 삼키는지 등을 확인하세요. 씹기 습관이 제대로 형성되지 않았다고 판단되면 교정 훈련을 시작하세요.

아이에게 먼저 씹기에 대한 원리를 설명하고, 훈련이 가능한 음식을 주세요. 사과, 당근, 견과류, 마른 바나나 등은 수직씹기 훈련에 적합한 식품입니다. 고기나 질긴 채소는 턱을 좌우로 움직이면서 음식을 으깨듯이 자르는 훈련이 필요합니다. 오징어, 육포, 마른 치즈, 질긴 조직을 가진 마른 과일, 질긴 젤리 등을 이용하여 돌려씹기 연습을 시켜주세요. 아이 앞에서 엄마가 먹는 시범을 보이고 아이와 함께 해보세요. 아이는 엄마의 행동을 흉내 내면서 잘 따라 할 거예요.

Baby's Case 3 씹기
생후 18개월까지 젖병만 빨아서 씹기 훈련이 잘 안 돼요

식품 알레르기가 있어서 일반 음식을 거의 먹지 못하고 젖병으로 특수분유 2,000ml 이상을 먹는 18개월 된 아이의 문제로 식품 알레르기 클리닉에 영양 상담을 하러온 엄마가 있었습니다. 아기용 조제유는 조제유만 먹어도 영양 면에서 문제없게 성분이 구성되어 있습니다. 다른 음식을 안 먹더라도 충분한 양만 먹는다면 성장에는 별 문제가 없지요.

처음엔 아이가 정상적으로 잘 성장하고 있어서 어떻게 하면 알레르기가 없는 다양한 식품을 골라 줄 수 있을까를 고민했는데, 정작 문제는 다른 곳에 있었습니다. 고형식 이유식을 하지 않더라도 18개월 정도가 되면 또래 아이들보다 조금 뒤처져도 죽이나 진밥 정도는 먹을 수 있으리라 생각한 것입니다. 하지만 젖병으로 액상만 먹던 아이는 묽은 죽조차 먹지 못했습니다. 그래서 4~6개월 아기가 초기 이유식을 시작하듯이 단계별로 죽

Advice For Mom 씹기 훈련에 좋은 식품과 식품별 특징

1. 밥, 감자, 고구마, 식빵, 국수, 곡류 등은 주로 전분으로 이루어져 있고 익혀서 먹기 때문에 조직이 찐득하고 별로 씹지 않아도 먹을 수 있다. 따라서 씹기 능력이 떨어져 있는 유아의 씹기 연습용으로는 적합하지 않다.

2. 고기는 근육 단백질로 이루어져 있어 많이 씹어야 삼키기 적당한 상태로 되기 때문에 돌려씹기 훈련에 적합하다. 생선은 익으면 조직이 쉽게 풀어지기 때문에 많이 씹는 연습에는 적합하지 않고, 해산물 중에 비교적 조직이 단단한 오징어나 조개 같은 해물류는 돌려씹기 연습에 적합하다.

3. 과일은 주로 생으로 먹기 때문에 본연의 조직에 따라 여러 가지 조직감이 있다. 사과나 배와 같이 씹고 나면 조각이 나는 과일은 수직씹기 훈련에 적합하다. 반대로 바나나, 망고, 포도, 백도 복숭아처럼 물컹한 조직의 과일은 씹지 않고 먹을 수 있어서 씹기 훈련이 되지 않는다. 귤, 오렌지, 파인애플 등은 씹으면 으깨지고 섬유조직이 남아 12개월 경에 씹기 연습으로 적합하다. 12개월 이전의 유아에게 조각 과일을 주는 경우 흡입해 목에 걸릴 위험이 있으므로 과일망을 사용하는 것이 사고를 예방할 수 있다.

4. 양상추, 당근, 오이, 파프리카 등과 같이 생으로 먹는 채소는 수직씹기 연습에 적합하다.

5. 마른오징어, 육포, 건조된 형태의 치즈, 마른 과일(건포도 등), 질긴 젤리 등은 돌려씹기 연습에 적합하다.

농도를 점점 되게 조절해가며 먹는 훈련을 했지요. 6개월 이상 훈련하자 고형식을 먹을 수 있게 되었습니다. 씹는 능력은 성장 발달에 아무런 문제가 없어도 훈련이 되지 않으면 저절로 갖춰지는 것이 아니라는 사실을 이 아이의 사례에서도 확인할 수 있습니다.

Baby's Case 4 씹기
음식을 씹지 않고 삼켜요

약 4세 이전에 씹기가 안 되는 아이들은 음식물을 삼키지 못해 입에 물고 있거나 뱉어내지만, 4세 이후에는 덩어리가 좀 커도 삼킬 수가 있어서 씹지 않고 꿀꺽 삼켜버립니다.

씹기는 소화의 첫 단계로 매우 중요한 역할을 합니다. 씹지 않고 삼키면 소화가 잘 안 되어 배가 자주 아프고 변이 묽을 수 있습니다. 우리가 섭취하는 탄수화물의 상당 부분은 침 속의 아밀라아제로 소화되기 때문에 씹지 않고 바로 삼키는 습관은 소화장애를 유발할 수 있습니다.

씹지 않고 삼키다 보면 먹는 속도가 빨라 필요 이상으로 많이 먹게 됩니다. 가족들이 함께 식사하면서 꼭꼭 씹어 먹는 모습을 보여주세요. 아이에게 배가 자주 아픈 이유가 음식을 잘 씹지 않고 삼켜 먹는 습관 때문이라는 걸 설명해주세요. 앞에 설명한 씹기 훈련에 좋은 식품을 활용해 아이가 씹는 습관을 들이도록 해야 합니다.

Baby's Case 5 삼키기
고기를 삼키기 힘들어하고 자꾸 뱉어내요

고기를 씹다 뱉거나, 물고 있거나, 삼키다가 구역질을 하는 등 고기 먹는 데 문제를 보이는 아이가 뜻밖에 많습니다. 부모가 보기에 고기를 싫어하는 것 같기도 하고 아닌 것 같기도 해서 판단이 잘 서지 않지요. 고기를

싫어한다면 입에 넣는 것 자체를 거부합니다. 하지만 입으로는 받아먹는데 오래 씹거나, 삼키지 않는다면 삼키는 데 어려움이 있어서일 것입니다.

삼킴은 정교한 조정이 필요한 과정입니다. 음식을 삼키기 위해서는 음식이 인두-후도-식도로 통하는 길을 정확히 가야 합니다. 그런데 공기가 통과하는 길(기도)과 음식이 통과하는 길(식도)이 처음에는 같고 후두에서 갈리기 때문에 잘못하면 음식이 기도로 들어갈 수 있습니다.

유난히 고기를 잘 삼키지 못하고 뱉어내는 것은 고기 특유의 질감 때문입니다. 기름기가 별로 없는 고기는 오래 씹어도 퍽퍽하고 덩어리진 상태라 삼킬 때 목에 걸릴 위험이 높습니다.

물론 다른 아이들은 잘 삼키는데 내 아이만 못하는 것 같아 속상할 수 있습니다. 그러나 삼키는 능력은 개인 차이가 큽니다. 조금 큰 음식을 쉽게 먹는 아이가 있는가 하면 조금만 커도 잘 삼키지 못하기도 하지요. 성인 중에도 알약을 잘 삼키지 못해서 조각을 내거나 곱게 갈아서 먹는 경우가 종종 있습니다. 고기를 못 삼킨다고 걱정하지 마시고 작게 잘라서 주고 점점 크기를 크게 해서 주세요. 삼킴도 훈련이기 때문에 작은 형태의 고기를 삼킬 수 있으면 점점 큰 것을 삼킬 수 있게 됩니다. 엄마가 아이의 상태를 이해하고 조금만 인내심을 가진다면 조만간 해결됩니다.

Baby's Case 6 삼키기
밥을 국이나 물에 말아 먹어요

성인 중에도 국이나 물에 밥을 말아서 먹는 경우가 많습니다. 이유야 어찌 되었든 건강에는 좋지 않은 식습관이지요. 먹지 않는 아이에게 국이나 물에 밥을 말아 먹이면 쉽고 빠르게 먹일 수 있습니다. 그리고 국물에 말아 먹이면 잘 씹지 않고도 쉽게 삼킬 수가 있어서 당장은 밥을 좀 더 먹일 수 있다는 장점이 있지요. 그러나 장기적으로 보면 영양적으로도 아이의 발달에도 모두 손해입니다.

물이나 국에 말아 먹이다 보면 씹기와 삼킴 훈련을 하지 않아도 되니 점점 더 못하게 됩니다. 나중에는 먹을 수 있는 음식에 제약이 따르지요. 게다가 국물에 말아 먹일 수 있는 음식은 곡물류로 정해져 있어서 빠른 성장기에 있는 아이들에게는 영양 불균형을 일으킬 수 있습니다. 이따금 국물에 말아 먹는 것은 괜찮지만, 식사 때마다 국물에 말아 먹는 것은 좋지 않습니다. 현재 조금 힘들더라도 미래에 좋은 결과를 기대하며 씹기 훈련을 시켜야 합니다.

부모의 가장 큰 무기는 시간입니다. 아이는 이유식 말기가 되면 성인식과 유사한 하루 세 번 이유식을 먹게 됩니다. 아이에게 씹기와 삼키는 연습을 시킬 기회가 하루에 세 번이라는 뜻이지요. 밥을 잘 먹고 골고루 먹어야 하는 아이에게 누구보다 긴 시간 잘 먹고 맛있게 먹는 모습을 보여줄 수 있는 사람은 부모입니다. 식사를 가족들과 한 식탁 위에서 하는 것을 권장하는 이유가 여기에 있습니다.

아이들은 어른들이 음식을 먹는 모습을 관찰하며 분위기를 느끼고 배웁니다. 아이가 입을 벌려서 먹는 것을 배워야 할 때 아이에게 식사하는 모습을 보여주세요. 냠냠, 짭짭 소리도 내고, 오물오물 잇몸을 부딪쳐 으깨어 먹어야 할 때 함께 오물거리는 모습을 보여주면 됩니다. 이때 아이 눈을 맞추면서 보여주세요. 아이에게 정보나 의도를 전달할 때는 눈을 맞추

는 것이 효과적입니다. 잘 씹어 삼키는 것을 오랫동안 관찰한 아이가 훨씬 더 잘 씹을 수 있습니다. 지금 서툴다고 불안해하지 않으셔도 됩니다. 아이들은 엄마 행동을 따라 하며 배워갑니다.

Advice For Mom 삼키는 기능

인후두에서의 삼킴 과정은 음식이 기도로 넘어가지 않고 식도로 넘기는 매우 정교하고도 어려운 과정이다. 아이들이 음식을 씹어놓고도 삼키지 않고 뱉는 것은 음식이 삼킬 수 있는 능력을 벗어난 경우가 많다.

정상적인 아이의 삼킴 발달에 관한 연구가 많지 않기 때문에 발달 평가에 삼킴에 관한 내용은 거의 없다. 따라서 아이가 음식을 삼키지 않고 뱉을 때 발달에 문제가 있어서인지 확인하기 어렵다. 모든 발달에 개인차가 있듯이 삼키는 능력도 많은 차이가 있다. 보통 24개월 정도가 되면 성인식을 삼키는 데 문제가 없을 정도로 완성된다.

공기 통로(기도)   음식물 통로(식도)

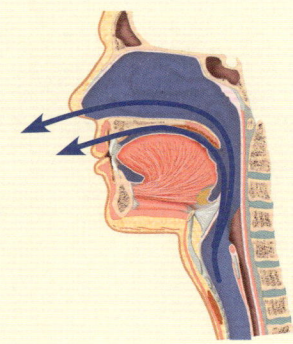 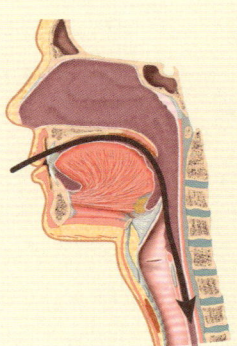

후두는 호흡, 기도 보호, 발성 기능이 있으며 후두에서부터 음식물과 호흡의 통로가 나뉘진다.

유형 5
기질 유형

기질과 관련된 유형 확인하기

활동성이 높고 호기심이 많은 유형	• 돌아다니면서 먹어요. • 앉아서 잘 먹지 않아요. • 먹는 것에 관심이 없고 자꾸 딴짓만 해요. • 식사시간에 집중하지 않아요. • TV나 스마트폰을 보여줘야 자리에 앉아서 먹어요. • 식사시간에 산만해요. • 최소한의 배고픔만 채워지면 바로 관심을 다른 곳으로 돌려요. 그리고 잘 안 먹어서 그런지 마른 편이에요.
생체리듬이 불규칙한 유형	• 식사량이 일정하지 않고 그날그날 편차가 심해요. • 식사 때가 되어도 배고파하는지 잘 모르겠어요. • 자고 깨는 시간이 일정하지 않아요.
새로운 것에 대한 시도가 어려운 유형	• 처음 본 음식에 대한 거부감이 심해요. • 처음 본 음식은 냄새 맡고 관찰을 하고 섣불리 먹으려 들지 않아요. • 자기가 먹어본 음식만 먹으려 해요. • 자주 먹던 음식이 아니면 시도하기를 꺼려요. • 채소 먹는 걸 두려워해요. • 조개나 버섯류를 징그러워해요.

유형	특징
감각이 예민한 유형	- 입이 짧아 많이 먹지 않아요. - 아이가 음식의 질감이나 냄새에 굉장히 예민해서 조금만 원하는 것과 달라도 먹지 않아요. - 조제유를 먹을 때 원하는 온도와 다르면 먹지 않아요. - 원하지 않은 음식은 조금이라도 섞여 있으면 바로 알아채고 먹지 않아요. - 갓 지은 밥이나 죽은 먹는데 한 끼라도 지난 것은 먹지 않아요.
의사 표현이 강하고 좋고 싫음이 분명한 유형	- 소고기만 먹으려 해요. - 우유만 먹으려 해요. - 맨밥만 먹으려 해요. - 완벽함과 자기만의 정리 규칙이 있어요. - 좋아하는 것에 집착해서 먹는 것도 좋아하는 것만 먹으려 해요. - 고집이 세고 떼를 많이 써서 이길 수가 없어요.
천천히 반응하는 유형	- 밥을 너무 오래 먹어요. - 씹는 속도가 느려요. - 골고루 먹기는 하는데 너무 오래 먹어요.

까다로워서 안 먹는 아이

아이마다 행동양식이 다른 건 기질이 달라서 그래요

12개월 또래의 아기들이 모여 있으면 어떤 아기는 가만히 앉아 있고 어떤 아기는 쉴 새 없이 돌아다닙니다. 어떤 아기는 새로운 것을 주면 덥석 잡는가 하면, 새로운 것에 가까이 가기 두려워하는 아이도 있습니다.

왜 이런 차이가 날까요? 이유는 아이마다 '사람 및 상황에 접근하는 자기 나름대로의 행동양식'을 다르게 타고났기 때문입니다.

먼저 엄마가 아이의 기질을 잘 알아야 해요

같은 날 함께 태어난 쌍둥이나 다둥이도 아이마다 기질이 다릅니다. 아이의 기질을 이해하는 데 도움이 될 몇 가지 팁을 드릴게요.

유형 5 기질 유형

Advice For Mom 타고난 특성과 유형 - 기질(temperament)

각자 타고난 특성과 유형을 '기질(temperament)'이라고 한다. 행동양식을 공통 특징으로 표현하는 방법은 매우 다양하나 전문가들은 다음과 같이 나눈다.

① 신체의 활동성 수준
② 생물학적 기능의 규칙성
③ 새로운 사람과 상황을 받아들이는 접근성
④ 변화에 대한 적응성
⑤ 소리·빛·냄새 등 감각적 자극에 대한 민감도
⑥ 좋고 싫음 등을 표현하는 반응의 강도
⑦ 전반적인 기분 및 정서
⑧ 주위 자극에 대한 산만함
⑨ 한 가지를 집중하는 지속성

아이들의 40%는 순한 기질을, 15%는 느린 기질을, 10%는 까다로운 기질을 타고난다.

아이의 기질 1 까다로운 아이

혹시 자녀가 까다로운 아이인가요? 종종 자신이 까다로운 아이로 키운 것은 아닌가 해서 우울한 적이 있나요?

태어날 때부터 부정적인 감정을 조절하는 호르몬인 세로토닌 분비량이 남들과 다른 아이들이 있습니다. 이런 아이들은 먹고 자는 일상적인 생활이 불규칙하고, 일상에서 일어나는 작은 변화에도 적응하기 힘들어합니다. 까다로운 기질을 가지고 태어난 것이지요.

까다로운 아이는 작은 자극도 예민하게 알아차리고, 자극에 강하게 반응하기도 하며, 새로운 것을 받아들이는 데 시간이 많이 걸립니다. 그래서 교과서적인 방법으로는 양육하기 버겁습니다. 게다가 생체리듬도 불규칙하기까지 하면 엄마는 더 힘들어지죠.

까다로운 기질은 영유아기 식습관 문제를 일으키는 주요 원인 중 하나입니다. 출생 직후부터 나타나는 기질적 차이로 인해 어떤 아이는 새로운 음식을 쉽게 받아들이고 먹기와 잠자기 등이 규칙적이지만, 어떤 아이는 새로운 음식은 시도조차 하지 않으려 합니다.

아이의 기질로 인한 이러한 어려움을 본인 탓으로 알고 죄책감을 느끼는 엄마들이 있습니다. 그러지 마세요. 최근 연구들을 보면 아이의 행동양식 중 절반은 엄마의 양육 방식이나 환경이 아닌 유전자와 관련이 있다고 합니다. 그럼 50%는 타고난 문제이니 포기해야 할까요?

또 다른 연구를 보면 아이의 기질이 엄마의 양육 방식에 영향을 끼친다고 합니다. 공격적인 성향이 있는 아이의 부모는 아이에게 좀 더 공격적으로 반응할 가능성이 크고, 까다로운 아이의 엄마는 짜증이 섞여 아이에게 좀 더 부정적으로 반응한다고 합니다. 이런 식으로 아이와 엄마의 상호작용이 반복되면 아이의 타고난 기질 가운데 부정적인 면이 강화될 수 있습니다.

부모는 아이의 기질을 잘 이해하고, 아이의 부정적인 행동에 동요하지 않고 공격적인 반응을 보이지 않도록 주의해야 합니다. 아이의 태도에 부모가 정서적으로 안정된 태도로 긍정적이고 상황에 적합한 반응을 보인다면 악순환에 빠지지 않고 바른 방향으로 이끌 수 있습니다.

까다로운 아이의 부모는 행동 문제나 불안 등을 표현하는 아이의 요구에 덜 반응적이고 상호작용하는 시간도 더 적다는 보고가 있습니다. 이런

유형 5 기질 유형

경우 애정 어린 양육을 받지 못해 애착 형성에 문제가 생길 수 있습니다. 이때는 아이의 기질을 인정하고 아이에게 맞는 태도로 애정을 담아 훈육하는 것이 필요합니다.

영아기에는 타고난 기질이 그대로 표현되지만, 기질에 적합한 양육 방

Advice For Mom 네오포비아와 까다로운 기질 구별하기

네오포비아는 새로운 것에 대한 두려움이기 때문에 새로운 음식을 반복해서 주다 보면 아이는 어느 순간 그 음식에 익숙해져서 자연스럽게 먹게 된다. 네오포비아의 경우 음식을 주는 횟수가 증가하면 음식에 대한 거부가 줄어든다. 그러나 접근성이 떨어지는 기질을 가지고 있는 까다로운 아이 중에는 아무리 여러 번 같은 음식에 노출되어도 끝까지 거절하기도 한다. 이런 경우 부모는 아이의 기질을 있는 그대로 받아들이는 노력이 필요하다.
자기가 싫어하는 음식은 평생 먹지 않는 사람이 있다. 좋고 싫음은 잘못된 것이 아니라 그 사람의 개성이다. 싫어하는 음식 때문에 영양적으로 문제가 되는지를 따져보고 문제가 된다면 대체할 수 있는 음식을 찾아 제공하면 된다.

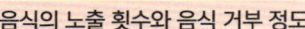
음식의 노출 횟수와 음식 거부 정도

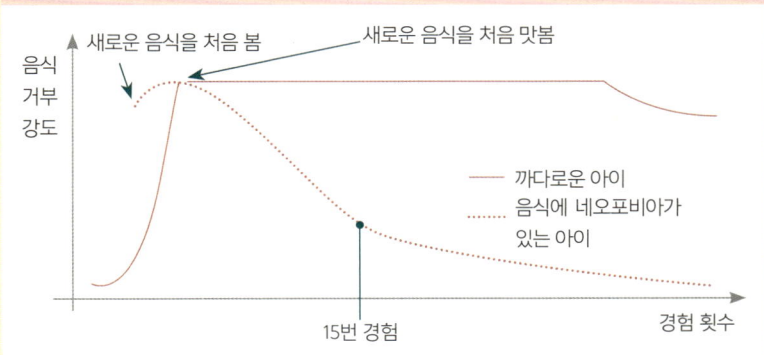

식으로 키운 아이들은 까다로운 기질을 타고났어도 성장하면서 겉으로 표현되는 태도가 까다롭지 않습니다.

그리고 까다롭다는 것이 다 부정적이기만 한 것은 아닙니다. 이런 아이는 직관력이 뛰어나고 자기주장이 강하다고 합니다. 소리에 예민한 아이는 훌륭한 음악가가 되고, 맛에 예민한 아이는 탁월한 셰프가 되고, 직관이 뛰어난 아이는 창의적인 일에서 두각을 나타낼 수 있지요. 까다로운 기질을 좋은 쪽으로 능력이 발휘되도록 도와주세요.

아이의 기질 2 행동이 느린 아이

해외의 한 연구에 의하면 태어난 아이의 15% 정도가 느린 기질을 타고난다고 합니다. 새로운 것에 적응하는 데 오래 걸리고, 일을 수행하는 데도 시간이 오래 걸리는 아이입니다. 감정 표현도 서툴고 활동도 많지 않습니다. 새로운 상황이 두려워서 새로운 상황 자체를 싫어하죠. 새로운 상황에 놓이면 안전한지 확인하기 위해 오랫동안 방관자 태도를 취합니다.

느린 아이를 둔 부모는 먼저 내 아이가 느린 기질을 가지고 태어났다는 것을 인정할 수 있어야 합니다. 그다음 아이가 처음 상황을 맞이할 때 조금이라도 친근한 상황이 되도록 배려하고요. 오랜 시간 관찰만 하더라도 그런 아이를 지켜보며 기다리세요. 아이는 안전하다고 생각되면 참여 활동을 시작합니다.

칭찬과 격려를 할 때는 근거 없는 칭찬은 도움이 되지 않습니다. 아이가 한 행동 중에 아이 자신도 잘했다고 생각할 수 있는 일에 칭찬을 하면 그로 인해 조금 더 용기를 낼 수 있습니다. 반응이 느리다고 모두 문제인 것은 아닙니다. 신중하게 행동하기 때문에 그만큼 실수가 적지요.

아이의 기질 3   활력이 넘치고 호기심이 많은 아이

스스로 움직일 때가 되면 한시도 가만있지 않고 돌아다니는 아이들이 있습니다. 기질적으로 신체 활동성이 높은 아이들이죠. 활동성이 높은 아이들은 계속 움직여서 엄마 혼자 기저귀를 갈아 채우기도 힘이 듭니다. 오랫동안 앉아 있으려 하지 않고 계속 돌아다니기 때문에 식사를 제대로 하기 힘들고요.

활동성이 높은 아이들은 호기심도 많아 부지런히 돌아다니며 궁금한 곳을 들여다보고 확인하고자 합니다. 그러다 보니 식사시간 동안 앉아서 식사에 집중하기란 어려운 일이죠. 활력과 호기심이 왕성한 이런 아이들에게는 기질적인 활동성을 배려해 움직임을 어느 정도 허용하면서 제자리 앉아 식사하는 원칙을 지키도록 하는 지혜로운 훈육이 필요합니다.

아이의 기질 4   생체리듬이 규칙적이지 않은 아이

타고나기를 생체리듬이 불규칙한 아이들이 있습니다. 이런 아이들은 수면, 배변, 식사시간, 식사량 등이 일정하지 않습니다. 한마디로 언제 먹고, 언제 자고, 언제 배설할지 예측하기 어렵죠.

신생아기를 지나서도 아이의 수면과 식사시간이 일정하지 않으면 아이가 불규칙한 기질을 가지고 태어났을 가능성이 큽니다. 기질은 타고난 성향이라 단기간에 교정하기 어려운데 불규칙한 기질은 그중 비교적 교정이 쉬운 편에 속합니다.

규칙성은 생활의 기본입니다. 생체리듬의 규칙성을 만들기 위해선 부모의 지속적인 노력이 필요합니다.

아이의 기질 5 조심성이 많은 아이

새로운 것에 적응하는 데 오래 걸리는 아이들이 있습니다. 세상을 알아가는 아기들에게는 새로운 사람, 장소, 물건, 음식 등 주변의 모든 것이 새롭죠. 아기들에게는 자신을 보호하기 위해 새로운 것을 접하면 본능적으로 조심하는 '네오포비아'가 있습니다. 여기에 타고난 기질이 남들보다 조심성이 더 많은 경우라면 새로운 것에 적응하는 데 훨씬 많은 시간이 걸립니다.

조심성이 많은 아이에게는 음식도 극복해야 할 것 중 하나입니다. 조심성이 많은 아이를 다그치면 위축되어 새로운 것에 대한 탐색을 멈추고 안심할 수 없는 것이라는 결론을 냅니다. 그리고 다시는 시도하지 않으려는 경향이 생깁니다. 조심성이 유독 많은 아이에게는 아이 스스로 안전하고 익숙한 것으로 느낄 수 있도록 반복 시도하고 시간을 주세요. 차분히 기다리고 용기를 주는 부모가 되어주세요.

아이의 기질 6 자극에 민감한 아이

감각기관이 무엇인가를 감지하는 데 필요한 자극의 최소량을 역치라고 합니다. 이 역치는 사람마다 다르고 나이에 따라서도 달라집니다. 역치가 낮은 사람은 매우 작은 자극도 금세 알아차리죠. 선천적으로 자극의 역치가 낮아 작은 자극도 알아차리고 반응하는 민감한 아이들이 있습니다.

감각이 예민한 아이들은 시도해보지 않은 음식의 맛, 냄새, 질감의 차이도 쉽게 알아챕니다. 심지어 조제유의 온도가 평소와 조금만 달라도 먹지 않으려 하지요.

시각·청각·미각·촉각 등 모든 감각이 예민한 아이에게는 주변 자극으로 인한 불편함이 없는 환경을 만들어주어야 합니다. 꽉 끼지 않는 옷, 눈부시지 않은 광도, 입에 맞는 맛과 음식 온도 등 주변 환경을 세심하게 챙기는 배려가 필요합니다.

아이의 기질 7 반응이 강한 아이

태어날 때부터 감정이나 의사 표현과 신체 행동의 강도가 높은 아이들이 있습니다. 반응에 에너지가 넘쳐 화를 내는 것 같기도 하고 멋대로 하는 것처럼 보이기도 합니다. 아이를 돌보는 부모는 강한 반응을 통제하지 못해 다루기 힘들다고 느끼지요.

부모는 아이의 요구나 반응이 타당한지를 판단한 후 받아들일지 혹은 못하게 할지 판단해야 합니다. 아이가 강하게 나오기 때문에 보호자도 같이 화를 내는 경우가 많은데, 부모가 명심해야 할 것은 아이의 강한 반응이 화를 내거나 짜증을 부리는 것이 아니라는 점입니다. 아이는 단지 자기의 방식대로, 타고난 기질대로 의사 표현을 하는 것입니다. 부모는 아이와 같이 싸우는 상대가 아니라 아이를 바르게 끌어주고 가르쳐주어야 하는 존재라는 점을 잊지 마세요. 인내를 가지고 꾸준히 아이를 다독여주세요.

자, 아이의 기질을 이해하는 데 도움이 되었나요? 그렇다면 아이의 기질에 따라 엄마의 양육 태도가 달라져야 한다는 점을 알게 되었을 거예요. 접근성이 낮은 아이에게는 새로운 것에 두려움이 없어질 때까지 여러 번 시도할 수 있게 해주고, 활동성이 많은 아이는 움직임을 허용하면서 차차 집중할 수 있게 하고, 감각이 예민한 아이는 편안하게 식사할 수 있는 환경을 만들어주는 것이 도움이 되겠지요. 영아기에는 타고난 기질이 그대로 표현되지만, 기질에 적합한 양육 방식으로 키우면 성장하면서 차츰 변할 수 있습니다.

아이와 싸우지 마세요

어린아이에게는 아직 가르치고 고쳐야 할 행동이 많습니다. 아이의 행동을 바뀌게 하려면 아이가 이해할 수 있는 말로 설명해야 합니다. 왜 그런 행동을 했는지 아이의 입장에서 먼저 고민한 후 아이가 이해할 만한 말로 대화를 나누어야 아이의 행동을 변화시킬 수 있습니다.

아이의 말을 귀담아듣고 아이가 어떤 행동을 했는지 묘사하여 설명하고 엄마가 이해한 아이의 의도를 말해보세요. 엄마가 자기를 잘 이해하고 있다고 말이죠. 그다음 옳은 행동을 제시하세요. 고집 피우기는 아이의 의도가 관철되지 않기 때문에 하는 행동이고 자신의 의사를 표현하기 어려워서 하는 행동인 경우가 많습니다.

우리는 살면서 유머와 여유를 가져야 할 때가 많습니다. 옳은 행동을 제시하고 알려줄 때 아이 얼굴에 웃음을 띠게 해주면 좋겠지요. 아이의 웃는 모습을 보고 싶다면 교육을 하는 부모가 웃고 있어야 합니다. 천천히 가르치며 아이가 달라질 수 있다는 확신을 가지세요. 그리고 늘 아이 곁에서 지켜보세요.

아이가 보이는 반응 중에 화를 화로 맞서면 문제를 해결할 수 없습니다. 오히려 감정이 점점 더 격해질 뿐입니다. 아이의 화는 감정의 표현입니다. 울고 싶어서 화가 나는 거예요. 슬퍼하는 아이에겐 다독여주고 안아주는

부모가 필요합니다. 왜 화가 났는지 이유를 듣고 위로해주세요.

　단번에 모든 문제를 고칠 수는 없습니다. 아이가 고집을 피우고 화를 낼 때마다 이유를 들어주고 위로하다 보면 차츰 화를 내기 전에, 고집을 피우기 전에, 자신이 왜 속상한 그 이유를 먼저 이야기하는 아는 아이로 바뀌어 가는 걸 볼 수 있을 거예요.

Q&A

 **Baby's Case 1** 활동성이 높고 호기심이 많은 유형
한자리에 앉아서는 잘 먹지 않고 돌아다니면서 먹어요

12개월 전의 아이를 보면 엄마 품에 가만히 안겨 있는 아이가 있는가 하면, 엄마 무릎 위에서 다리를 구르며 위아래로 계속 뛰어 몸을 붙잡고 있어야 하는 아이도 있습니다. 기저귀를 갈 때마다 그 틈을 못 참고 계속 뒤집기를 해서 진땀을 빼는 일도 있지요. 이러한 차이는 아이의 활동성의 차이에서 옵니다.

돌아다니기를 좋아하는 아이를 20~30분 한자리에 앉혀놓고 식사하게 하는 것은 매우 힘든 일입니다. 그렇다고 계속 따라다니면서 먹이다 보면 스스로 먹는 훈련이 되지 않고, 아이는 '식사란 돌아다니면 엄마가 입에 넣어주는 것'이라는 인식을 하게 됩니다. 습관을 고치겠다고 처음부터 식사 시간 내내 앉히려고 하지는 마세요. 계획을 세우고 하나씩 시도하세요.

우선 아이에게 '식사는 반드시 한자리에서 해야 하는 원칙'을 만들어주세요. 의사소통이 되지 않을 것 같은 아기들도 다 알아듣습니다. 원칙을 많이 만들어도 안 되고 흔들리지도 말아야 합니다. 처음에는 식사시간을 30분 정도로 정하고 음식을 입에 넣는 식사 행동도 반드시 제자리에서 하게 합니다. 대신 씹는 동안 돌아다니는 것은 허용해주세요.

기질적으로 활동이 왕성한 아이를 처음부터 붙들어놓으면 스트레스를 많이 받습니다. 처음에는 몇 숟가락 먹고 돌아다니고 다시 와서 먹는 것을 반복할 겁니다. 정해놓은 시간이 지나면 음식을 치우세요. 그리고 앉아서 먹는 시간을 점차 늘려가세요. 12개월이 지나면 스스로 먹는 훈련도 병행해야 합니다.

 **Baby's Case 2 활동성이 높고 호기심이 많은 유형**
TV나 스마트폰을 보여주어야 자리에 앉아서 먹어요

계속 돌아다니면서 먹는 아이를 붙잡아두기 위해 엄마들이 흔히 쓰는 방법이 TV나 스마트폰을 보게 하는 것입니다. 아이들이 TV나 스마트폰에 집중하면 돌아다니지 않고 먹일 수 있기 때문이죠. 그러나 아이가 집중하는 것처럼 보이지만 실제로는 집중하는 것이 아닙니다.

집중이란 한 가지 일에 모든 힘을 쏟아붓는 것인데, TV를 보거나 스마트폰을 보는 것은 집중하는 것이 아니라 계속되는 자극을 좇는 것입니다. TV나 스마트폰은 화면이 계속 바뀌면서 자극하고 아이의 눈동자는 이를 따라 계속 반응하며 움직입니다.

어릴 때 TV나 스마트폰에 노출되면, 책을 읽거나 한 가지 작업에 몰입하는 것이 힘들어집니다. 또한 스마트폰을 보느라 정신이 없어서 엄마가 음식을 먹여주어야 하고 그러다 보니 아이가 스스로 먹는 연습은 먼일이 되고 맙니다.

먹는 것을 조금 더 먹이기 위해 중요한 것을 놓쳐서는 안 됩니다. 식사 시간에는 음식 맛을 느끼고 씹고 삼키는 일에 집중해야 합니다. TV나 스마트폰이 아니라 가족과 눈을 맞추고 대화하며 식사하는 시간으로 만들어주세요.

Baby's Case 3 활동성이 높고 호기심이 많은 유형
먹는 것에 관심이 없고 돌아다니기만 해요

호기심 많고 돌아다니길 좋아하는데, 먹는 데는 별 관심이 없는 아이는 키에 비해서 체중이 적게 나갑니다. 키는 어느 정도 평균을 따라가거나 조금 작은 편인데 체중은 평균을 훨씬 밑도는 경우가 많습니다. 부모는 안 그래도 먹지 않아 걱정인데 아이가 마른 편이니 잘 안 먹어서 안 큰다고 생각하고, 더욱 쫓아다니면서 먹이게 됩니다. 그런데 먹는 것이 어느 정도 개선이 되어도 아이가 생각만큼 통통해지지 않죠.

사람마다 타고난 체형이 있습니다. 활동적이고 호기심 많은 아이들은 24개월이 되기 전까지는 마른 체형으로 성장하는 것을 흔히 보게 됩니다. 아이가 먹는 것으로 스트레스나 압박을 받지만 않게 해주세요. 따라다니면서 먹이지도 마시고요.

원칙을 지켜 규칙적으로 먹고, 음식이 성가신 것이라는 생각만 하지 않도록 해주면 3~5세쯤이 되면 바르게 잘 먹습니다.

 **Baby's Case 4 생체리듬이 불규칙한 유형**
배고파하지 않고 식사량 편차가 심해요

우리 몸은 생체리듬이 있어서 때 되면 졸리고 때 되면 배가 고픕니다. 생활을 불규칙적으로 하는 사람은 생체리듬이 깨져서 갑자기 배가 고파 많이 먹기도 하고 반대로 식욕이 없어서 아예 끼니를 건너뛰기도 하지요.

성인은 본인의 생활리듬에 의해 생체리듬이 결정됩니다. 반면 아이들의 생체리듬은 인위적으로 특별히 조정하지 않는 한 타고난 리듬을 따라갑니다. 대부분 규칙적인 리듬에 따라 엄마는 아이가 몇 시에 무엇을 하면 되는지 예측할 수 있습니다. 예측이 가능하다는 것은 돌보는 사람으로서 여유를 가지고 준비할 수 있게 해주죠.

그런데 자고 깨는 것, 변 보는 것이 일정하지 않고 배고파하는 것인지도 명확하지 않은 아이가 있습니다. 어느 날은 잘 먹고 어느 날은 안 먹어 어디에 기준을 두어야 할지 모르겠죠. 예측을 하지 못한다는 것은 불안과 걱정을 불러옵니다. 많이 먹어도 적게 먹던 때의 기억으로 늘 부족하다고 느끼게 되지요. 이런 경우 규칙성을 갖도록 엄마가 도와주어야 합니다.

식사의 규칙성을 바로잡기 위해서는 먼저 수면시간이 규칙적이어야 합니다. 수면이 규칙적이려면 낮에 신체 활동이나 야외 활동을 적절히 해서 피곤하게 하고 밤 시간에는 조용하고 편안히 잘 수 있는 분위기를 만들어주어야 합니다. 중요한 것은 아침에 깨우기입니다. 밤에 안 자려는 아이를 재우는 것보다는 아침에 깨우는 게 쉽지요. 밤잠과 낮잠이 규칙적이어야 식사시간도 일정하게 만들 수 있습니다. 매일 같은 시간에 식사를 준비하고, 먹는 양이 일정하지 않더라도 정해진 식사시간이 지나면 음식을 치워야 합니다. 어느 날 잘 먹는다고 해서 많이 먹게 두면 아이는 속이 불편해 다음 번에는 먹는 양이 많이 줄어듭니다.

규칙성이 자리 잡히지 않은 상태에서는 일상의 다른 일도 어려워집니다. 자는 시간, 식사시간, 배변 습관 등을 한 달 정도 기록해보세요. 문제 해결에 많은 도움이 됩니다. 식사시간 간격은 얼마나 되는지, 간식시간과 너무 가까운 것은 아닌지, 자야 하는 시간에 먹고 있는 것은 아닌지 등 문제가 될 만한 것을 쉽게 발견할 수 있습니다.

규칙적인 생활에 익숙해지면 아이의 마음이 편안해지고 정서도 안정되어 새로운 것을 배우고 도전하는 데 적극적일 수 있습니다. 주의할 것은 충분한 시간을 두고 서서히 교정해가야 한다는 것입니다. 급한 마음에 아이를 다그치면 싸우다 지쳐 포기하게 됩니다.

Baby's Case 5 새로운 것에 대한 시도가 어려운 유형
처음 본 음식을 잘 먹으려 들지 않고 먹던 음식만 먹으려 해요

새로운 음식을 먹이기 힘든 아이들이 있습니다. 냄새를 맡아보고, 색깔을 살펴보고 끊임없이 확인합니다. 어떤 경우는 새롭다 싶으면 아예 시도조차 하려 들지 않기도 합니다. "이상한 음식 아니야", "먹어보면 맛있어"

라고 아무리 설득해도 소용이 없습니다. 기질적으로 새로운 것에 대한 접근성이 떨어지는 아이는 새로움에 대한 두려움이 커서 확인하고 또 확인하려고 합니다.

다른 아이는 맛있게 먹는데 우리 아이만 잘 먹지 않아서 속상한 마음에 어떤 때는 혼을 내고 억지로 먹이기도 하지요. 아이를 혼내거나 다그치지 마세요. 지금 아이는 싫은 것이 아니라 두려운 것입니다. 음식이 두려울 것이 뭐 있냐고 하겠지만, 아이의 내면에서는 위험할 수 있다는 신호를 보내고 있는 것입니다. 아이에게 "이 음식 맛있고 몸에 좋은 것인데 먹으면 엄마가 참 좋을 것 같아", "한번 맛만 보고 싫으면 다음에 먹어도 돼"라고 말해주세요. 그리고 엄마가 맛있게 먹는 모습을 보여주세요.

함께 음식을 만들어보는 것도 좋은 방법입니다. 만들어본 음식을 다시 준비하고 "지난번에 함께 만든 음식인데 몸에 좋은 거라서 다시 만들어봤어. 한번 먹어볼까?" 하고 의견을 물어보세요. 엄마가 맛있게 먹는 모습도 보여주고요. 이런 상황을 많게는 20~30번을 반복해야 먹는 아이들이 있다고 합니다. 아이가 안심하고 음식을 먹을수록 위와 같은 시도를 자주 하다 보면 새로운 것을 접할 때 점점 더 용감해집니다. 그리고 엄마를 더 신뢰하게 되고요.

아이를 키우는 것이 먹이는 것 외에 할 일도 많고 어려움이 많아 너무 힘들다고 생각될 수 있습니다. 그래도 조금만 물러서서 여유를 가지고 아이의 변화를 기다려주세요.

 **Baby's Case 6　새로운 것에 대한 시도가 어려운 유형**
채소 먹는 것을 겁내는 것 같아요 / 조개나 버섯을 징그러워해요

　채소나 버섯은 아이들이 본능적으로 거부하는 쓴맛이 있어 잘 먹지 않으려 합니다. 그런데 잘 먹지 않으려 하는 수준을 넘어 두려워하거나, 징그러워한다면 새로운 것에 다가가는 것을 두려워하는 아이일 수 있습니다. 소심한 성격이라 변화나 시도를 어려워하는 아이일 수도 있고요. 채소나 버섯의 모양이나 맛이 그대로 드러나지 않도록 조리를 해주세요.
　단순히 여러 번 시도하는 것을 넘어 적극적으로 문제 해결을 위해 노력

Advice For Mom　아기에게 용기를 주는 엄마의 3단계 화법

1단계　아이의 마음을 읽어주고, 아이의 감정을 표현할 기회를 주세요
"이 음식이 매우 낯설지? 색깔도 알록달록하고 말이야. 그런데 이 알록달록한 색깔에는 몸에 좋은 성분이 많이 들어 있단다."

2단계　엄마의 생각이나 경험을 빗대어 얘기하세요
"너랑 느낌이 좀 다를 수는 있겠지만, 엄마도 이 음식을 처음 봤을 때는 색깔이 이상하다고 생각했어. 냄새도 좀 이상한 것 같고 말이야. 그런데 이렇게 얌얌 몇 번 먹으니 잘 먹을 수 있게 되었단다. 원래 시간이 좀 필요해. 서두를 필요는 없어."

3단계　최근에 있었던 작은 성공을 칭찬해주세요
칭찬할 때 눈을 맞추거나 아이의 몸을 다독다독 만져주면 좋습니다.
"엄마는 네가 최근에 용기 내어 먹어본 음식이 많다는 걸 알고 있어."
"이 음식이 지금 좀 낯설어서 먹어보기 힘들다면 다음번에는 꼭 먹어보자." 하면서 아이의 엉덩이를 톡톡 두드려주거나 손을 마주쳐 주세요. 스킨십은 아이에게 놀랄 만한 안정감과 지지를 주는 행동입니다.

해보는 것은 어떨까요? 아이와 함께 음식을 만드는 것도 한 가지 방법입니다. 먹기 전에 먼저 씻어보고 잘라보고 볶아도 보면 차츰 두려움이 사라질 수 있습니다.

소심한 아이에게 "뭘 그런 거 가지고 그래?", "너는 왜 맨날 그러니?", "별거 아닌 거 가지고 좀 그러지마" 등 다그치고 몰아붙이면 아이는 두려움이 더 많아지고 사람을 피하는 부정적인 성격으로 변할 수 있습니다. 아이가 감정을 추스르고 생각을 정리할 수 있도록 기다려주세요. 소심하고 내성적인 성향을 섬세하고 집중력 높은 긍정적인 자질로 키우는 것은 부모가 어떻게 하느냐에 따라 결과가 달라집니다.

Baby's Case 7　감각이 예민한 유형
아이가 너무 예민해요

조제유의 온도나 농도가 평소와 조금만 달라도 먹지 않고, 소리에 예민해 작은 소리에도 잠에서 깨고, 조금만 밝아도 잠을 못 자고, 옷이 조금만 불편해도 견디지 못하는 등 유난히 까다롭게 반응하는 아이들이 있습니다. 타고난 감각이 예민한 아이들이죠.

우리 몸의 말단에는 무수한 감각세포들이 있습니다. '감각수용체'는 외부 자극을 받아들여 뇌로 가는 신경망에 자극을 전달하는 역할을 합니다. 우리 뇌는 이러한 많은 자극 중에 일부 중요한 감각 정보만 골라 반응하도록 쉴 새 없이 일하고 있습니다. 아직 뇌가 성숙되지 않은 아이들은 감각의 통합과 조절 기능이 미숙하여 같은 자극에도 과도하게, 예민하게 반응할 수 있습니다.

　감각이 예민한 아이를 둔 엄마나 보호자는 아이 키우기가 너무 힘들다고 말합니다. 실제로 보통 아이들과 달리 자는 것, 먹는 것 등 생활 전반에 걸쳐 많은 것에 대해 신경을 써야 해서 주관적으로 힘들 뿐 아니라 객관적으로도 힘이드는 상황입니다. 초보 부모의 경우 모든 것이 처음이라 더 당황스럽고 힘듭니다.

　아이는 타고난 기질대로 행동하는 것이기 때문에 아이를 당장 고치려고 해서는 안 됩니다. 힘들더라도 아이에게 맞춰주어야 합니다. 조용하게 해주고, 입맛에 맞는 음식 맛과 온도를 지켜주고, 감정적으로 편안하게 해주는 등 훨씬 많은 배려를 해야 합니다. 엄마가 혼자 감당하기 힘들어 까다로운 아이에게 짜증을 내면 아이는 정서적으로 불안해할 수 있습니다. 이

> **Advice For Mom　감각이 예민한 아이들에게 도움이 되는 활동**
>
> **1 그네타기**　그네타기는 두뇌의 감각을 통합하고 조절하는 능력의 발달을 도와준다. 그네를 타는 동안 평형감각과 회전감각을 담당하는 기관이 계속 정보를 처리하면서 감각을 적절한 수준으로 조절하는 연습을 한다.
>
> **2 이불 김밥 놀이, 볼 풀 놀이**　다들 한 번쯤은 해보았을 놀이다. 이들 놀이는 온몸으로 감각을 느끼게 해서 많은 감각 정보를 두뇌로 보내어 정보 처리 연습을 할 수 있다. 몸의 여러 부분을 다양한 촉감 물건으로 문지르거나 마사지하는 것도 비슷한 효과를 낼 수 있다.
>
> **3 얼굴 근육 놀이**　입으로 부는 놀이, 비눗방울 놀이, 입 주변을 포함한 얼굴 마사지, 거울을 보면서 얼굴 근육을 움직이며 우스꽝스러운 표정을 짓는 놀이 등은 우리 몸 중 가장 많은 감각수용기를 가진 얼굴을 움직여 과도한 촉각 방어(접촉을 두려워하는 반응 등)를 줄이는 데 도움이 된다.

유형 5 기질 유형

런 경우 혼자 감당하기 힘들다면 누군가에게 도움을 청하는 것도 좋은 방법입니다. 힘들더라도 부모가 최선을 다해 아이에게 맞추다 보면 24~36개월 정도가 되면 예민함이 덜해지는 것처럼 느껴질 거예요.

아이는 부모와 신뢰가 생기고 정서적으로 안정되면 까다로운 기질을 타고났다 하더라도 겉으로 보기에 그런 기질이 드러나지 않는 성인으로 자랍니다. 본인이 예민하기 때문에 남의 어려움을 더 잘 배려할줄 알게 되지요.

Baby's Case 8 감각이 예민한 유형
입이 짧아 많이 먹지 않아요

"아이가 음식의 질감이나 냄새에 굉장히 예민해 평소와 조금만 달라도 먹지 않아요", "원하지 않은 음식은 조금이라도 섞여 있으면 바로 알고 먹지 않아요", "갓 지은 밥이나 죽은 먹는데 한 끼라도 지난 것은 먹지 않아요." 이런 문제를 하소연하는 부모들이 있습니다. 이런 행동은 주로 감각이 예민한 아이들이 식사할 때 나타나는 행동입니다.

이런 경우 아이는 필요한 양을 먹으면 몸에서 더는 원하지 않기 때문에 정량 이상 먹지 않습니다. 맛, 냄새, 질감의 최적 상태에 대해서도 잘 알고 있어서 음식이 최적의 상태일 때와 아닐 때 먹는 양이 다릅니다. 마음에 들지 않으면 아예 먹지 않으려는 경우도 있습니다. 억지로 먹이려 해도 잘 먹지 않습니다. 체중도 많이 나가지 않죠.

아이의 예민함을 우선 있는 그대로 받아들이세요. 대체로 24개월까지는 아기가 원하는 대로 해주세요. 그러다 보면 서서히 예민함이 덜해지는 게 느껴질 겁니다. 엄마가 아이에게 맞추는 것이 익숙해지기도 하고, 아이도 자극을 감지는 하지만 예민하게 표현하던 것이 부드러워집니다.

아이와 대화가 가능해지면 엄마는 아이를 설득할 수 있고, 아이도 자신이 느끼는 상황을 설명해 서로를 잘 이해할 수 있습니다. 아이의 예민함으로 인해 엄마와 아기가 계속 갈등을 한다면 서로 설명하고 이해하는 기회를 잃게 됩니다. 엄마는 참으려고 하는 게 아니라 아기를 이해하려고 노력하세요. 참는 것은 한계가 있어서 어느 순간 감정이 폭발하고 맙니다. 그에 반해 이해한다는 것은 받아들이고 기다리고 상대방에게 맞춰주는 것입니다.

예민하다는 것은 어떤 부분에서는 재능이 더 뛰어나다는 것일 수 있습니다. 장차 한 분야에 뛰어난 사람이 될 수 있도록 키워주세요.

Baby's Case 9 의사 표현이 강하고 좋고 싫음이 분명한 유형
고집이 너무 세요

의사 표현과 자기주장이 강해 '고집이 세다'라고 느껴지는 아이들이 있습니다. 이런 경우 아이의 고집을 들어주어야 할지, 들어주지 말아야 할지, 혼내야 할지, 혼내지 말아야 할지 고민스럽습니다. 아이가 고집이 센 것은 선천적으로 타고난 기질이 자율성과 자기주장이 강하기 때문일 수 있습니다. 혹은 불안감이 많아 변화를 두려워하는 것일 수도 있습니다.

아이는 자기의 반응이 센지, 고집스러운지 잘 모릅니다. 그런데 무조건

유형 5 기질 유형

혼을 내고 안 들어주면, 아이는 부모가 왜 화를 내는지 왜 안 들어주는지 몰라서 자기 생각을 관철하기 위해 더 강하게 반응합니다. 이럴 때 보호자는 아이의 반응을 살피고, 공감하고, 경청하면서 감정을 어떻게 표현하는 것이 좋은지, 할 수 있는 것과 할 수 없는 것은 무엇인지 찬찬히 가르쳐주어야 합니다. 명심할 것은 가르치기만 하려다 보면 아이는 더 고집을 부리게 됩니다. 가르치기 전에 먼저 아이가 왜 그러는지를 이해하고 아이의 감정에 공감하며 의견을 잘 듣는 게 중요합니다.

고집부리는 아이의 감정을 이해하고 의견을 경청하기보다는 화부터 내게 되는 부모라면 전문가와 상담을 통해 상황에 따라 어떻게 대처하는 것이 맞는지 배우는 것도 해결 방법의 하나입니다. 고집스러운 아이는 추진

Advice For Mom 감성코칭

살다 보면 화나고 마음에 맞지 않는 일을 피해갈 수 없을 때가 있다. 이런 일을 겪으면 성인도 좋은 감정일 수 없다. 아이의 감정을 꾸짖는 것이 아니라 아이의 마음을 이해하고 감정에 의해서 나타나는 문제 행동에 집중해 교정하는 교육 방법이 감성 코칭이다.

아이가 화가 났을 때는 느끼는 그대로 감정을 표출한다. 이럴 때 부모가 아이의 감정을 그대로 인정하고 공감하는 태도를 보이면 아이는 부모가 자신을 이해한다고 느낀다. 그다음 아이의 감정이 가라앉기를 기다린 후에 아이가 물건을 던진다든지 지나치게 큰소리를 지른다든지 하는 행동에 관해 이야기를 나누는 게 좋다. 그런 행동은 남에게 피해를 줄 수 있으니 하지 않는 것이 좋다고 타이른다. 자신의 감정을 충분히 표출하고 마무리하는 과정을 합리적으로 할 수 있게 된 아이는 스스로 감정을 조절하는 방법도 터득해 나가고, 부모와의 관계에도 신뢰가 쌓인다.

력이 강한 경우가 많아 좋은 리더로 성장할 수 있습니다. 타고난 기질을 좋은 쪽으로 발전되도록 도와주면 어떨까요.

 **Baby's Case 10** 의사 표현이 강하고 좋고 싫음이 분명한 유형
밥이나 반찬만, 혹은 우유 등 좋아하는 것만 먹으려 해요

반응이 강한 아이들은 먹고 싶지 않은 것에 대해서도 강한 거부 반응을 보입니다. 혹은 한두 가지 음식만 먹겠다고 고집을 부리지요. 한 가지 음식에 집착하는 것은 편식과는 다릅니다. 흔히 편식하는 아이는 "안 먹을

Advice For Mom 억지로가 아니라 자연스럽게 익숙해지기

아이가 안 먹는 음식이 무엇인지 파악한 후 부족할 수 있는 영양군은 다른 식품으로 대체하고, 아이가 거부하는 식품은 익숙해질 때까지 반복해서 노출시킨다. 아이가 잘 먹는 반찬만 식탁에 올리면 싫어하거나 낯선 음식은 접할 기회 자체가 없어져 계속해서 안 먹게 된다.
기피 식품을 먹지는 않더라도 자주 보여주는 데 식판을 사용하면 도움이 된다. 아이가 좋아하는 그림이나 무늬가 있는 식판을 사용하거나 직접 좋아하는 것을 고르게 하는 것도 좋다. 반찬 세 가지 정도를 담을 수 있는 식판에 두 가지는 잘 먹는 음식을, 나머지 하나는 좋아하지 않지만 잘 먹어야 하는 음식을 담아서 준다. 단, 싫어하는 음식은 아주 소량으로 시작한다. 한두 점 정도의 양이라도 아이가 먹는 데 성공하면 기특하다고 칭찬하고 엄마가 얼마나 기쁜지 표현을 아끼지 않는다. 반복하며 서서히 양을 늘려 나간다. 성공의 경험은 아이를 긍정적으로 변하게 하는 힘이 있다. 그릇을 비울 때마다 아이를 격려하고 칭찬을 한다.

유형 5 기질 유형

거야"로 표현하지 "이것만 먹을 거야"라고 하지는 않습니다. 아이가 특정한 식품만을 고집할 때는 원하는 다른 무언가가 있을 수 있습니다. 그것을 얻기 위해 사용하는 표현 중 하나지요.

한 가지만 먹을 때 생기는 문제점, 골고루 먹는 것에 대한 중요성과 유익함을 이야기하면서 아이를 설득해야 하는데 대화조차 되지 않고 싸우기만 한다면 골고루 먹는 것은 먼 세상 이야기가 됩니다. 아이의 먹는 것을 교정하기에 앞서 아이와 싸우고 있지는 않은지, 아이가 원하고 있었던 것은 없는지 생각해보세요. 문제가 있다면 그런 문제가 함께 해결되어야만 아이의 먹는 문제도 해결됩니다. 아이의 관계와 먹는 문제까지 동시에 해결된다면 정말 좋겠지요.

아이와 다투지 말고 아이에게 선택할 자유를 주세요. 어느 정도의 자유를 줄 때 아이와 좋은 관계를 이어나갈 수 있습니다. 아이든 어른이든 누구나 좋아하는 사람의 말을 훨씬 더 경청한답니다.

Baby's Case 11 천천히 반응하는 유형
항상 안겨 있어요 / 너무 소심해서 새로운 시도를 하기 힘들어해요

자기 집이 아닌 다른 장소에 가면 엄마나 아빠에게 안겨 있으려고만 하는 아이가 있습니다. 아이를 품에서 내려놓으려 하면 너무 울어서 어쩔 수 없이 안고 있어야 하지요. 조금 적응이 되면 뭔가를 해보려고는 하는 데 어찌나 확인을 하는지 좀처럼 진도가 나가지 않습니다. 전형적인 느린 아이의 모습입니다. 어떻게 해야 할까요? 소심한 지우의 사례로 답을 찾아보겠습니다.

두 살배기 남자아이 지우는 명절 때 큰할아버지 집에 가면 아빠 품에 딱 붙어 있습니다. 잠깐이라도 내려놓고 자리를 비우면 시야에서 아빠가 보이지 않아 불안해합니다. 아빠가 다시 오면 몇 년 만이라도 떨어져 있었던 것처럼 서럽게 웁니다. 명절이라 맛있는 음식도 많은 데 평소 주로 먹는 과일과 고기만 먹으려고 합니다. 아이를 강하게 키워야 한다며 어른들은 아빠를 혼내지만, 아빠는 아이가 안쓰러워 항상 안고 있습니다. 아빠가 해줄 수 있는 것은 그냥 옆에 있어 주는 것뿐이라고 믿습니다.

불안감을 느끼는 아이에게 부모가 할 일은 일단 아이 곁에 있어 주는 것입니다. 불안감을 느끼는 일은 자연스러운 일이고 시간이 지나면서 좋아질 거라는 믿음을 가져야 합니다. 이러한 확고한 생각은 부모로 하여금 안정되고 따뜻한 태도를 유지할 수 있게 합니다. 지우는 커가면서 큰집에 올 때마다 조금씩 혼자 활동하는 시간이 늘어나고 정서적으로 불안해하는 것도 줄어들었습니다.

7세 되던 해에는 수영을 시작했습니다. 오래 설득했지요. 지우는 한 달 동안은 다른 아이들이 힘차게 수영 연습을 하는 걸 수영장 한쪽 구석에서 지켜보기만 했습니다. 그런 지우를 엄마는 늘 격려했지요. "네가 하고 싶을 때 하면 된다"라고 말해주면서요. 한 달 후 지우는 용기를 내어 수영을 배우기 시작했습니다. 당연히 남들보다 못하고 진도도 느리지만, 엄마는 용감해진 지우에게 칭찬을 아끼지 않았습니다. "다른 아이들보다 늦게 시작했으니 다른 아이들보다 조금 못하는 것은 당연하다"고 격려도 하고요. 1년이 지난 후 지우는 남들보다 잘하지는 않지만 일단 수영에 자신이 생기자 다른 것을 시도해봐도 되겠다는 생각을 합니다. 지우가 초등학교 1학년이 되었습니다. 또래보다 키가 작고 겁은 많지만 해보고자 하는 의지가 있으니 엄마는 이제 걱정이 없습니다. 이 과정에서 부모가 한 일은 옆에서 기다리고, 격려하고, 적절한 때 칭찬하는 것이었습니다.

느린 아이들은 자신이 안전하다고 생각될 때, 자신이 해도 되겠다고 생각될 때 움직입니다. 잘하게 만들어보겠다고 다그치면 더욱 숨어버립니다. 느린 아이에 대한 해답을 지우의 사례에서 찾아보세요.

Baby's Case 12 천천히 반응하는 유형
먹기는 하는데 너무 오랫동안 먹어요 / 너무 오래 씹어요

느린 아이는 먹는 것도 느리고 먹는 양도 많지 않아 또래 아이들보다 작고 마른 편입니다. 먹는 동안 딴생각을 하느라 먹는 것이 느린 것은 아닌가 하는 생각을 하게 됩니다. 오래 먹는 아이를 대할 때는 아이가 먹기 싫은 것인지, 먹는 것이 그저 느린 것인지를 구분해야 합니다. 사실 둘 다인 경우가 많습니다. 대다수 부모는 답답한 마음에 느린 아이를 다그치죠. 그러면 아이는 부모의 바람과는 달리 더 느려지고 먹을 때마다 혼이 나니 먹는 것이 즐겁지도 않습니다.

느린 아이는 느리기만 한 것이 아니라 새로운 것에 대한 시도를 두려워하기 때문에 새로 접하는 상황을 조금이라도 편안하고 익숙하게 받아들이도록 신경을 써야 합니다. 새로운 음식을 먹는 게 두려워 마음먹기도 힘든데 혼까지 난다면 '새로운 음식은 엄마에게 혼나게 만드는 음식'으로 기억에 남습니다.

먹는 행동에 최대한 집중할 수 있는 환경도 중요합니다. 식사하는 데 집중할 수 있도록 TV를 끄고 장난감을 치우세요. 식탁도 음식 외의 것들을 모두 치우고요. 식탁에 앉아 먹는 일이 전혀 훈련되어 있지 않다면 좋아하는 장난감 하나 정도를 두어 자기 자리임을 알려주세요. 식사하는 자리가 편안하게 느껴지도록 말도 다정하게 해주세요. 아이가 한자리에서 먹기 시작하면 칭찬하고 정해진 시간 동안 느긋하게 기다려주세요.

기질 유형별 주요 특징

기질	정의	순한 아이	까다로운 아이
활동 수준	어떻게, 얼마나 많이 움직이는지를 나타냄	낮음 • 옷을 갈아입히거나 잠자는 동안 많이 움직이지 않음 • 식사 시 대부분 앉아 있을 수 있음	매우 높음 • 계속적으로 움직임, 혼자 기저귀를 갈아 채우기 어려움 • 5세경 식사 시 5분 정도를 앉아 있기 힘듦
규칙성	배고픔, 수면, 배설과 같은 생물학적 주기의 예측 가능 정도	규칙적임 • 매일 예측 가능한 시간에 먹고, 자고, 배설함 • 일찍부터 규칙적인 식사 습관을 보임	불규칙적임 • 언제 먹고, 자고, 배설할지 예측이 어려움 • 신생아기가 지나서도 식사 일정이 불규칙함
접근/회피	새로운 사람과 상황을 받아들일 때 나타나는 태도나 반응	긍정적 접근 • 첫 목욕 시 좋아함 • 낯선 사람과도 쉽게 친해지며 낯선 환경에서도 잘 잠 • 새로운 맛이나 질감의 음식을 시도함	부정적 접근 • 새 옷이나 새 장난감을 좋아하지 않음 • 낯선 잠자리에서 잠들기 어려움 • 새로운 맛과 질감의 음식을 거부함
적응성	바뀐 상황이나 새로운 것에 아이의 반응이 원하는 방향으로 얼마나 쉽게 수정되는가를 의미	높음 • 처음에 거부했던 새로운 물건이나 상황도 차츰 받아들이고 즐김 • 새로운 음식을 처음에는 거부하다가도 몇 번 시도한 후에는 잘 받아먹음	낮음 • 새로운 상황에 적응시키는 것이 매우 힘듦 • 어떤 음식은 절대로 시도조차 안 하려고 싫어함
반응력	반응(빛, 접촉, 맛, 냄새, 소리 등)을 일으키기 위해 얼마나 많은 자극이 요구되는가를 의미	높음 • 다른 사람이 만지고 안아주고 하는 것을 좋아함 • 어떤 방법을 쓰든 쉽게 잠듦 • 다양한 종류의 맛과 질감을 가진 음식을 먹음	낮음 • 어떤 옷감은 견디지 못함 • 쉽게 잘 놀람 • 아이가 낮잠을 자는 동안에는 발끝으로 걸어 다녀야 할 정도로 예민함 • 시도해보지 않은 맛이나 질감의 차이를 쉽게 알아차림
반응 강도		약함 • 화가 나도 칭얼거리거나 좀처럼 소리 내어 울지 않음 • 기분이 좋아도 잠시만 미소 지음 • 배고픔과 포만감의 신호가 구별되지 않음 • 배가 고파도 심하게 울지 않고 배가 불러도 저항하지 않음	강함 • 큰 소리로 울고 웃음 • 좋아하는 음식에 대해서는 야단스럽게 표현하고 싫어하는 음식은 강하게 거부함
기분	전반적인 기분과 정서 상태	긍정적임 • 잘 웃고 일반적으로 쾌활한 성격 • 식사시간이 대체로 즐거움	부정적임 • 대체로 기분이 무겁고 심각함 • 자주 뾰로통해짐 • 식사시간이 대체로 즐거운 경험이 아님
주의산만성	별 관계가 없는 자극에 의해 행동이 쉽게 변경되거나 방해를 받는지를 의미	높음 • 흔들어주거나 노리개 젖꼭지를 주면 울음을 멈춤 • 처음에 거부했던 음식이지만 좋아하는 음식과 같이 줄 경우 먹기도 함 • 식사 시 주변 환경에 따라 쉽게 영향을 받음	낮음 • 자신이 좋아하는 놀이를 하는 동안에는 주변 소리를 듣지 못함 • 먹기 싫어하는 음식을 좋아하는 음식인 것처럼 가장을 해도 도무지 넘어가지 않음

양육 유형

부모의 양육 유형 확인하기

엄마가 주도하는 유형	• 아이가 먹는 것이 서툴러서 주로 먹여주어요. • 아이가 먹으면 골고루 먹지 않기 때문에 음식 종류를 엄마가 선택해서 먹여요.
아이 몰래 먹이는 유형	• 아이가 싫어하는 것을 몰래 섞어서 먹여요. • 밥 먹는 걸 싫어해서 초콜릿을 준다고 말하고 아이가 받아먹으려고 입을 벌릴 때 초콜릿 대신 밥을 넣어주어요.
억지로 먹이는 유형	• 강요를 싫어해요. • 먹지 않아 억지로 먹여요. • 수저를 보면 입을 벌리려고 하지 않아요.
혼내고 가르치면서 먹이는 유형	• 식사시간에 예절을 엄격하게 지키게 하고 음식을 흘리면 혼내요. • 아이가 식사시간에 자꾸 눈치를 봐요.

모범이 필요한 유형	• 내가 먹는 것에 관심이 없어 아기에게 즐겁게 먹는 모습을 보여준 적이 거의 없어요.
식사시간에 가족 간 의견이 대립하는 유형	• 식사시간에 가족이 자주 다퉈요. • 아기의 양육 방법에 관한 가족 간 의견이 달라 일관되지 않아요.
심한 갈등 유형	• 아이가 식사시간 자체를 싫어해요. • 아이가 밥을 먹는 데 1~2시간 이상 걸려요. • 아이가 너무 느려 늘 재촉해요. • 식사시간마다 아이에게 음식을 먹일 생각만 해도 두려워요. • 아이 먹는 것 때문에 미칠 것 같아요. • 아이가 좋아하는 것과 싫어하는 것에 강하게 반응을 하는데, 그런 예민한 반응을 참기 힘들어 아이와 자꾸 싸우게 돼요.

엄마와 아이의 오해로 안 먹는 아이

　아이를 키우다 보면 아이가 엄마 말을 잘 듣지 않고 하지 말아야 할 것만 하는 것 같아 매일 "이거 하지 마", "이건 해"라고 잔소리를 하게 됩니다. 아이에게 꼭 하게 하고 싶은데 아이가 따라주지 않으면 부모는 아이를 살짝 속이는 방법을 동원하기도 합니다. 아이는 해야 할 것과 하지 말아야 할 것을 엄마에게 배웁니다. 부모가 아이에게 '해'와 '하지 마'를 현명하게 말할 줄 알고 아이와 신뢰를 쌓는 것이야말로 아이를 잘 키우고 잘 먹게 하는 비결입니다.

　그러나 부모 스스로 자신이 바르게 하고 있는지 그렇지 않은지를 판단하기 어렵습니다. 아이가 성장하고 난 후에야 '그때 그러지 말아야 했는데'라고 후회를 하지요.

유형 6 양육 유형

엄마가 몰랐던 엄마의 양육 유형
- 엄마에 의해 변하는 아이들

엄마는 아이를 먹이고, 입히고, 함께 놀며 많은 시간을 보냅니다. 아이는 부모와의 다양한 상호작용 속에 신체적으로 정신적으로 사회적으로 건강하게 자라고요. 그러나 이 과정이 순탄하지는 않지요. 아이를 키우다 보면 어려움을 극복해야 하는 시기도 찾아옵니다.

비슷한 성향의 아이를 키우는 데도 어떤 아이는 큰 어려움 없이 크는데 어떤 아이는 키우기가 어렵습니다. 왜 그럴까요? 그것은 아이를 키우는 일이 보호자 입장에서 아이에게로 가는 일방통행이 아니라, 보호자와 아이가 서로 반응하며 영향을 주는 상호관계 속에서 이루어지기 때문입니다. 따라서 아이가 성장하는 데는 양육자의 태도가 매우 큰 영향을 끼칩니다.

까다로운 기질을 타고난 아이라도 부모가 아이의 행동을 유심히 관찰하고 어떻게 대하는 것이 최선인지 배워가며 키우는 아이는 점점 순하게 변합니다. 반대로 아이의 상태에 상관없이 보호자가 일방적으로 끌고 가거나 아이의 의사에 무관심하면 아이는 점점 더 다루기 어려운 아이가 되고 부모와의 관계도 나빠집니다.

아이에게 음식을 준다는 것은 아이와의 관계를 형성하는 상호작용의 하나입니다. 안 먹는 아이에게 음식을 잘 먹이려면 아이가 아닌 부모의 양육 태도도 살펴봐야 합니다. 엄마 자신의 모습은 어떤지 돌아보고 아이의 문제를 다시 생각해보세요.

부모의 양육 태도에 따라 아이가 달라져요

반응훈육형

아이의 상황을 살피고 아이의 입장을 고려하여 아이의 상황에 맞는 대응을 하는 유형입니다. 그리고 아기가 지켜야 할 예절에 관한 교육도 합니다. 가장 이상적인 양육 형태로 아이는 자발성이나 창의성을 발휘하면서 자율성과 주도성, 사회생활에서 해야 할 것과 하지 말아야 할 것을 판단하는 능력과 조절 능력 등을 기를 수 있습니다.

허용형

아이가 원하는 것은 웬만하면 들어주고 하자는 대로 그대로 두는 형입니다. 아이에게 "이거 해라", "안 된다", "못한다" 등의 말은 하지 않습니다. 자칫 사회 규범이 필요한 상황에서도 그대로 두기 때문에 아이는 사회생활에 문제가 나타날 수 있습니다. 아이는 무엇을 해도 되는지 무엇을 하면 안 되는지 모르기 때문에 '해서는 안 되는 것'과 '지켜야 할 규범' 등을 가르쳐야 합니다. 옳은 행동과 위험한 행동을 구별하고, 건강한 사회생활을 하기 위해 지켜야 할 사회 규범들을 명확히 설명해야 합니다.

지시형

아이에게 필요한 것을 전적으로 부모가 준비하고 계획하고 판단하는 유형입니다. 아이는 잘 모르니 부모가 하는 대로 하면 충분하다고 믿고 아이의 의견은 고려하지 않습니다. 아이는 매사 해야 하는지 하지 말아야 하는지 부모의 눈치를 보게 되고 자발적인 탐색을 하지 않습니다.

감정형

아이가 똑같은 행동을 해도 부모의 기분에 따라 아이를 대하는 태도가 다른 유형입니다. 아이에 대한 사랑, 미움, 서운함, 분노, 미안함, 죄책감 등 복합적인 감정이 교차합니다. 일관성 없는 부모의 행동은 어떤 모습이 엄마의 진짜 모습인지 알 수 없어 아이에게 혼란을 줍니다. 아이는 부모가 언제 화를 낼지 모르기 때문에 항상 불안해합니다. 부모 스스로 감정을 조절하려는 노력, 일관된 양육 태도가 필요합니다.

Q&A

 **Mom's Case 1**
아기가 잘 먹을 수 있게 엄마가 먹여주고 음식 종류도 선택해요

엄마가 보기에 아이는 먹을 때 많이 서투릅니다. 그래서 엄마가 도와주면 아이가 빨리 먹을 수 있고 골고루 먹는 데 도움이 되리라 판단하고 식사를 돕지요. 처음에는 도울 생각으로 먹여주었는데 어느새 아이의 식사시간에 아이가 스스로 하는 것은 줄어들고 엄마가 주도하는 시간으로 바뀌고 맙니다. 이런 경우 아이가 먹는 것을 좋아하든, 좋아하지 않든 아이는 먹는 것에 흥미를 더 잃습니다. 아이는 스스로 결정하고 실행하는 일에 흥미를 더 느낍니다. 엄마가 아이의 입에 넣으려다 실패한 음식을 아기의 손에 쥐여줘 보세요. 입으로 가져갈 거예요.

아이에게 먹는 데 문제가 있다고 생각하는 경우뿐 아니라, 먹는 데 별문제가 없다고 생각하는 가정에서도 아이 스스로 먹는 것을 지켜보지 못하는

유형 6 양육 유형

> **Advice For Mom   피아제의 발달이론**
>
> 아동의 인지발달이론을 만든 심리학자 피아제는 아이의 발달은 질적으로 구분되는 여러 단계를 거치면서 진행된다고 했다. 피아제의 발달이론에 따르면 0~2세는 감각운동기(sensorimotor stage)로 시각·청각·후각·미각·촉각 등의 감각과 대근육·미세근육 등의 운동으로 인지 능력이 발달한다. 감각적 경험과 반복 운동을 통해 인지가 발달하기 때문에 인지 발달을 위해서는 오감 경험과 근육운동을 많이 하도록 지도하는 것이 좋다. 음식을 스스로 먹으면서 시도하는 다양한 근육운동과 오감을 자극하는 경험은 아이의 인지 발달에 도움이 된다.

경우가 흔합니다. "아이에게 음식을 먹인다"가 아니라 "아이가 스스로 먹는다"라고 말할 수 있어야 합니다. 부모는 아이가 스스로 먹을 수 있는 환경을 만들고 최소한의 보조만 하는 역할이면 족합니다.

먹는다는 것은 장거리 마라톤과 같습니다. 당장 한 수저 더 먹이는 일은 그리 중요하지 않습니다. 스스로 건강한 음식을 선택하고 먹을 수 있는 능력을 키우고, 즐겁게 먹는 기억을 만들어주는 것이 결승점까지 포기하지 않고 완주하는 비결입니다.

Mom's Case 2
더 먹이려고 아이를 살짝 속이는 방법을 써요

잘 안 먹는 아이에게 음식을 먹이기 위해 엄마는 다양한 방법을 동원합니다. 그중 가장 많이 해보는 것이 아이를 살짝 속이거나 착각하게 해 먹

Advice For Mom   에릭슨의 심리·사회적 발달

에릭슨(Erikson)은 인간의 성격발달을 다른 사람과의 사회적 관계에 초점을 맞추어 전 생애 발달단계를 제시한 심리학자이다. 그의 발달이론을 보면 생애 초기 주 양육자와의 신뢰 형성은 아이가 성장하면서 다른 사람들과 원만하고 신뢰 있는 사회적 관계를 형성하는 데 기초가 된다.

0~1세의 아기와 엄마가 상호작용을 하는 가장 많은 시간은 먹는 시간이다. 식사시간은 영양을 공급하는 시간만이 아니라 아이와 신뢰를 쌓는 사회적인 시간이다. 식사시간 동안 엄마가 어떤 모습을 보여주고 어떤 식으로 반응을 하는지에 따라 아이의 성격이나 기질에도 영향을 끼친다.

부모의 양육 태도와 방식은 아이의 발달 단계에 따라 따라 신뢰감, 자율성, 주도성, 근면성 등 심리·사회성 발달에 큰 영향을 미친다.

연령별 심리·사회적 발달 단계

연령	심리·사회적 단계	비고
0~1세	기본 신뢰감 형성하기	생애 초기 주 양육자와 신뢰관계 형성은 성장과정에서 다른 사람과의 신뢰관계 형성에 영향을 주어 원만한 대인관계의 기초가 된다.
1~3세	자율성 키우기	'나'라는 자아가 생기면서 자율적 의지를 갖게 된다. 아이의 자율적 의지를 허용하고, 격려를 하면 자신이 하는 것에 자신감을 갖고 자기 자신과 주변 환경을 스스로 통제할 수 있는 통제감을 키울 수 있다.
3~5세	주도성 키우기	자율성을 넘어 어떤 일에 대해 주도성을 키워나가는 시기다. 유아가 세운 목표나 계획을 허용하면 일상에서 탐색하고, 계획을 세우고, 실험하고, 성취하는 주도성이 발달한다.
5~12세	근면성 키우기	아동에게 성취할 수 있는 기회를 부여하고, 아동이 성취한 결과를 있는 그대로 받아들여 칭찬을 하면 근면성이 발달한다.

이는 것이죠. 아이 모르게 숨겨서 먹이고, 다른 것을 먹이는 척하다가 엄마가 원하는 음식을 줍니다. 예를 들면 초콜릿을 준다고 약속하고는 아이가 받아먹으려고 입을 벌리면 초콜릿 대신 밥을 주는 식이지요. 그러나 처음 한 번은 모르고 먹을 수도 있지만 다른 음식이라는 것을 알고 나면 다시 안 먹으려 합니다.

안 먹는 것보다 더 큰 문제는 아이가 엄마를 의심하기 시작한다는 것입니다. 엄마가 자기 모르게 다른 뭔가를 한다고 생각하고 엄마가 하는 다른 말도 의심하게 됩니다. 아이를 키우는 데 신뢰관계는 무엇보다 중요합니다. 무엇인가를 먹이고 싶다면 아이가 좋아하는 요리법을 찾거나 다른 음식과 잘 어우러져 싫어하는 음식의 맛을 감지하지 못하는 방법을 써야 합니다. 찬찬히 설득해 나가는 방법이 필요합니다. 아이가 확인할 수 있는 맛을 모르게 속일 수 있는 것은 한 번뿐이라는 점을 기억하세요.

 **Mom's Case 3**
먹지 않아 억지로 먹였더니 아이가 수저를 보면 싫어해요

엄마들을 대상으로 이유식 강의를 하던 중 한 엄마로부터 질문을 받았습니다. "아기가 수저를 가까이 가져가기만 해도 거부해서 먹일 수가 없어요. 아이가 왜 수저를 싫어하는지 모르겠어요." 그래서 그 엄마에게 다시 물었습니다. "수저를 싫어하는 이유가 있지 않을까요? 혹시 생각나는 일은 없나요?" 엄마는 "아이가 바로 먹지 않아서 수저에 있는 음식을 억지로 입에 넣곤 했어요"라고 답하더군요.

아기가 싫어하는 데는 이유가 있습니다. 식욕은 가장 기본적인 인간의 욕구 중 하나인데 먹는 것을 싫어한다는 것은 분명 싫어지게 만든 이유가 있을 겁니다. 아무리 맛있는 음식이라도 억지로 먹어야 한다면 더는 즐거운 대상이 아닙니다. 피하고 싶은 괴로운 대상이 되어버리지요. 힘이 약한 아기가 할 수 있는 유일한 방법은 입을 다물고 버티는 것입니다.

상황을 객관적으로 보고 생각해보면 아이가 왜 먹지 않으려는지 바로 답이 나옵니다. 문제는 자신의 상황을 객관적으로 보기가 힘들다는 것이지요. 엄마는 자신이 생각한 양만큼 아이가 먹지 않으면 안타까워합니다. 그러나 급한 마음에 억지로 더 먹이는 것은 아무런 도움이 되지 않습니다. 규칙적인 생활로 아이의 생체리듬을 잡아주고, 배고프다 싶을 때 먹이고, 아이가 즐겁게 먹을 수 있는 방법을 찾으세요. 아이를 관찰하고 여유를 가지고 답을 찾는 것이 느린 것 같지만 결국엔 빠른 해결 방법입니다.

Mom's Case 4
아이가 먹으면서 흘리거나 어지럽히면 계속 치우고, 어지럽히면 안 된다고 가르쳐요

아이를 키우면서 힘든 것 중 하나가 끊임없이 치워야 하는 일입니다. 엄마의 성격이 어지럽히는 것을 싫어하는 깔끔한 성격이라면 더 힘이 들겠지요. 아이가 수저를 잡고, 수저로 음식을 뜨고, 뜬 음식을 입으로 가져가는 데는 많은 연습이 필요합니다. 이 과정에서 미숙하니 실수를 하는 것은 당연하고요. 흘리고, 엎고, 어지르게 되어 있습니다. 아이는 애써 노력하고

유형 6 양육 유형

있는데 엄마가 계속 혼을 낸다면 소심한 아이는 다시 시도하기 어려울 것입니다. 고집이 센 아이는 엄마와 싸우겠지요. 아마 대부분 스트레스를 받아 먹는 일이 즐겁지 않을 것입니다.

아이에게 식사시간은 열심히 연습해 혼자 먹는 데 성공한 모습을 엄마에게 보여주고 칭찬을 받을 수 있는 기회가 되어야 합니다. 그래야 아이는 더 열심히 시도하고 잘하게 됩니다. 빨고 자는 것 이외에 할 줄 아는 게 없던 작은 아기가 뒤집기, 앉기, 기기, 서기, 걷기에 성공했을 때 정말 기뻤지요? 감동의 순간들이었을 겁니다. 먹는 것도 마찬가지입니다. 수저로 바르게 떠먹는 것은 소근육, 조절 능력, 대근육 등이 작용하는 매우 어려운 활동입니다. 아이의 실수를 격려해주고 성공을 기뻐해주세요. 먹으면서 아기가 어지럽히는 것은 지극히 정상적인 과정입니다.

Advice For Mom 식사 시 부모의 권위적인 태도가 미치는 영향

아이의 먹는 것과 부모의 양육 형태에 관해 연구를 한 미국의 심리학자 버치(Birch)는 특히 통제나 무조건적인 복종을 가치 있게 생각하는 권위주의적인 부모에 관한 많은 연구 결과를 발표했다.

그의 연구에 따르면 권위주의적인 부모는 자녀에게 정해진 행동표준을 따르도록 강요하며, 표준에 위배되면 벌을 주고, 식사시간·식사량·음식을 아이 스스로 조절할 기회를 거의 주지 않고 지나치게 통제하며 강제로 먹이는 경우가 많다고 한다. 이런 통제적인 양육 방식 속에서 자란 아이는 자신 내부의 열량 조절 신호가 민감하지 못해 섭취량을 조절하지를 못하는 것으로 나타났다. 우리 몸은 필요한 영양소 양을 감지하고 생리적으로 조절하는 '내부 열량 조절 작용'이 있어서 필요한 양만큼을 알아서 섭취한다. 그런데 섭취량을 스스로 조절하지 못한다는 것은 필요 이상의 음식을 먹을 수 있고 반대로 필요한 양을 먹지 못한다는 것을 의미한다.

Mom's Case 5
엄마가 먹는 것에 관심이 없어서 아기에게 즐겁게 먹는 모습을 보여준 적이 거의 없어요

아이를 키우다 보면 부모가 하는 행동을 아이가 그대로 따라 하는 것을 자주 봅니다. 닮지 않았으면 하는 부분도 닮고요. 사람은 유전적으로 프로그램된 대로 발달을 하는 부분이 있는가 하면, 생활 속에서 누군가를 따라 하고 흉내 내면서 완성되는 것도 많습니다.

식습관은 같이 식사하는 가족의 영향을 많이 받습니다. 특히 함께 오랜 시간을 지내는 엄마의 영향을 가장 많이 받겠지요. 아기가 어릴 때는 먹이고 씻기고 재우는 등의 일로 꽉 채워진 시간을 보내기 때문에 자신을 돌볼 시간이 부족합니다. 그래서 아이는 챙겨 먹이면서도 정작 엄마는 제대로 먹지 못하는 경우가 허다합니다. 엄마가 평소 잘 챙겨 먹지 않는 편이었다

Advice For Mom 바른 식습관에 대한 조절 의지가 낮은 부모

엄마가 바르게 먹는 것에 대해 의지가 낮으면 기분에 따라 음식을 섭취하는 기복이 심하고 조절하려고 해도 잘 안 된다. 엄마 본인의 식사를 조절하지 못할 경우 아이의 식습관 관리 또한 못 할 가능성이 클 뿐 아니라 바람직하지 않은 모델링 효과가 나타날 수 있다.
아이의 식습관에 영향을 미치는 중요한 요인 중 하나가 부모가 보여주는 모델링 효과이다. 따라서 아이를 잘 먹이겠다고 생각을 했다면 먼저 엄마 본인의 식습관을 체크해봐야 한다. 가장 먼저 살펴볼 것은 규칙적으로 먹고 있는가이다. 모든 생활의 기본은 규칙적인 생활이므로 식사는 제시간에 거르지 않는다는 원칙을 지키도록 한다.

유형 6 양육 유형

면 아이를 낳고 키우면서는 더 힘듭니다. 엄마가 안 먹는 것은 아기에게도 영향을 미칩니다. 아이는 그만큼 잘 먹는 것을 보고 배울 기회가 적어지니까요.

한 국내 연구에서 엄마가 잘 먹지 않는 것도 아이가 안 먹는 요인 중 하나라는 결과가 나왔다고 합니다. 많은 교육 연구에서도 아기에게 부모가 본을 보이는 것이 가장 좋은 교육이라고 말합니다. 엄마가 잘 먹는 것이 아이를 잘 먹이는 방법이라고 하니 엄마와 아이 모두에게 좋은 교육 방법이지요. 아이도 중요하지만 엄마 자신도 챙기세요.

어른과 아이의 식사는 같이 준비해서 엄마와 함께 먹는 것이 좋습니다. 조금 다른 반찬이더라도 간을 하지 않은 비슷한 색깔의 음식을 엄마와 함께 먹는 시간은 아이의 식습관을 만드는 데 아주 좋은 연습이 됩니다. 엄마가 잘 먹는 것은 본인뿐 아니라 아이를 위한 일이기도 합니다.

 **Mom's Case 6**
아이와 서로 맞지 않아 심한 갈등을 겪으며 충돌해요

아이를 여럿 둔 가정에서 보면 한 아이는 엄마를 닮았는데 다른 아이는 아빠와 닮고 하는 행동도 똑같아 놀랍니다. 같은 아이라도 자신을 닮은 아이는 왜 그런 행동을 했는지 이해하기 쉬워서 관대해집니다. 반면에 배우자를 닮은 아이의 행동은 이해가 잘 안 되다 보니 갈등 상황이 더 자주 발생합니다.

이처럼 내 아이라도 이해가 더 잘 되는 아이가 있고 이해하기 어려운 아이가 있습니다. 부모와 아이의 성향이 잘 맞지 않으면 자주 부딪히게 됩니다. 많은 경우 아이에게 먹는 것을 주는 영아기 때부터 뭔가 어렵다고 느끼기 시작하며 갈등이 깊어집니다. 먹는 시간을 신체활동이 아니라 더 큰 영역인 아이와 엄마의 관계를 형성하는 시간으로 확대해 생각해야 합니다. 자신과 아이의 성향을 생각하고 현명하게 풀어나가는 방법을 생각하세요. 결국 해결의 열쇠는 엄마가 쥐고 있습니다.

> **Mom's Case 7**
> 아이가 식사시간 자체를 싫어해요 / 아이가 밥 먹는 데
> 1~2시간 이상 걸려서 늘 재촉해요

아이의 밥 먹는 시간이 1시간을 넘어서는 경우가 있습니다. 식사를 준비하는 시간, 정리하는 시간 등을 고려하면 엄마는 한 끼 식사를 위해 3시간을 쓴다는 이야기이고, 하루 세 끼면 하루 활동의 대부분을 식사 준비와 아이를 먹이는 데 보내는 것이 됩니다.

먹는 이유가 느린 아이라서 단지 천천히 먹는 것이라면 엄마는 아이를 격려해주고 기다리면 차차 좋아집니다. 그러나 아이가 먹는 것으로 스트레스를 받아 입에 물고만 있는데 엄마가 계속 다그친다면 상황은 더 나빠질 수 있습니다. 아이가 식사시간 자체를 싫어하거나 엄마에게 주눅이 들어 있는 것은 아닌지 살펴보세요.

엄마는 아이가 안 먹는 것에만 집중하기 때문에 더 중요한 아이의 상태를 알아채지 못할 수 있습니다. 그래서 아이를 위해서 잘 먹이려고 한 것

유형 6 양육 유형

> **Advice For Mom** 강하고 빠른 엄마와 느리고 내성적인 아이
>
> 문제가 있어 상담실을 방문하는 부모를 보면 아이는 느리고 내성적인 반면 엄마는 강하고 빠른 경우가 많다. 빠르고 강한 엄마는 느리고 자기 표현이 아직 명확하지 못한 아이를 잘 이해하지 못한다.
> 아이는 노력해도 빨리 되지 않고 매사 조심스럽게 행동한다. 그런데 가장 지지를 해주어야 할 엄마가 계속 다그치는 존재라면 아이는 기댈 곳이 없어 점점 더 위축된다. 이는 아이나 엄마의 문제가 아니라 타고난 기질이 달라서 생기는 문제다. 아이의 생각을 엄마의 생각 틀에 맞추려 하지 말고 아이의 입장에서 이해하려고 노력하면 아이의 문제가 진짜 문제가 아님을 깨닫게 된다.

인데 본래의 의도와는 다른 결과를 낳을 수도 있습니다.

아이가 주눅 들어 있고, 먹는 것이 너무 괴로운 것이라는 생각을 하고 있고, 실제 먹는 양도 충분하지 않고, 아이의 식습관이 나빠져 장기적으로도 좋지 않은 결과를 낳는다면 무엇을 위해 애쓰고 있는지를 돌아봐야 하지 않을까요? 한발 물러나 부모부터 아기에게 하는 행동을 객관적으로 돌아보세요. 그리고 아기가 왜 먹는 것을 싫어하는지 생각해보세요. 그래도 잘 풀리지 않고 힘들다면 주변에 도움을 청해보세요. 전문가와 상담을 하는 것도 큰 도움이 될 거예요.

Mom's Case 8
아이에게 먹일 일만 생각하면 두렵고 미칠 것 같아요

　식사시간에 아이와의 갈등이 심해 식사시간을 두려워하는 엄마가 있습니다. 엄마가 두려워할 정도면 아이 또한 힘든 시간일 거예요. 아이와 엄마가 모두 강한 성격이라 충돌하는 경우라면 서로가 힘들겠지요.

　아이의 행동에는 이유가 있습니다. 엄마가 생각하는 이유 말고 상상할 수 없는 다른 의미가 있을 수 있습니다. 아이의 공격적인 행동은 엄마의 관심을 끌고자 하는 행동일 수도 있고요. 일단 말없이 지켜보세요. 그리고 보이는 그대로를 말로 표현해주세요. "우리 ○○은(는) 이 음식이 먹기 싫구나." 그리고 이유를 물어보세요. "왜 이 음식이 먹기 싫을까?"

　사실 이러한 과정은 아이의 구체적인 답을 기대하는 것은 아닙니다. 엄마와 아이가 이 상황에 대해 객관적이고 이성적으로 생각할 수 있는 시간을 가지는 것입니다. 잠깐 시간을 끌면서 짜증 나고 불편한 엄마 마음을 안정시켜야 합니다. 화가 났다면 약간 더 긴 시간이 필요할 수도 있겠지요. 그리고 아이에게 대답하라고 다그치지 마세요. 엄마 마음에 드는 대답

Advice For Mom　강한 아이와 강한 엄마

식사시간에 심한 갈등을 보이는 경우를 보면 강한 아이와 강한 엄마가 만날 때가 많다. 이때 문제 해결의 열쇠는 엄마가 쥐고 있다. 타고난 기질이 예민하고 반응이 강한 아이는 자신의 기질을 조절하기에는 아직 미숙하다. 이성적으로 생각하고 감정을 조절할 수 있는 엄마가 배려하고 도와주어야 한다.

을 들을 수는 없습니다. 어른도 자신의 잘못을 인정하고 표현하는 것이 쉽지 않습니다.

아이가 자신의 부정적인 감정을 엄마에게 솔직하게 표현하길 바란다면 엄마 먼저 아이의 생각을 들을 준비가 되어 있어야만 합니다. 엄마의 슬프거나 속상한 감정을 아이에게 차근히 설명해주세요. 감정을 담담히 표현하고 드러내는 것은 엄마에게도 도움이 되지만 아이에게도 좋은 본보기가 됩니다. 좀 더 다정하고 포용하는 마음으로 아이의 눈을 바라보세요. 거기에는 자신의 모습과 많이 닮은 아이가 있습니다.

Mom's Case 9
가족 간에 아이 식사에 대한 의견이 너무 다르고, 양육 방법에 관해 생각이 달라요

아이에게 어떤 것을 먹일지 언제 먹일지에 대한 의견은 가족마다 다를 수 있습니다. 최근엔 엄마 외에 조부모, 주변 친척 또는 육아 도우미가 아이와 많은 시간을 보내는 경우가 많습니다. 보호자의 의견이 다른 것은 전혀 문제가 되지 않습니다. 단, 아이의 문제 식행동에 대해서는 사전에 의견 조율이 있어야 합니다.

아이가 보거나 듣고 있는 앞에서 각자의 의견을 주장하면 안 됩니다. 아이는 어른들이 생각하는 것보다 훨씬 더 똑똑해서 놀랄 만큼 그 사이에 끼어들어 자신이 원하는 방향으로 행동합니다.

아이가 가진 문제에 대해 생각하고 의견을 나누는 일을 귀찮아하거나 겁내지 마세요. 간혹 이 문제에서 도망치는 아빠들도 있지요? 엄마의 고민을 들어주세요. 여러 사람이 함께 고민하고 걱정할 때 문제가 쉽게 해결되는 경우를 경험해보았을 겁니다. 할머니, 할아버지, 아빠가 나서서 한목소리를 내주어야 아이가 혼란스러워하지 않고 바르게 클 수 있습니다.

부모는
아이의 든든한 지원자예요

아이의 자율성

'우리 아이를 어떻게 먹이면 좋을까?'의 문제는 곧 '어떻게 키울까?'의 문제입니다. "어떻게 키우면 됩니까?"라는 질문에 정답을 찾는다면 안 먹는 아이의 문제도 아주 자연스럽게 해결할 수 있습니다.

아이를 키우는 일은 부모와 아이 사이의 관계를 형성하는 일입니다. 아이와 바람직한 관계가 형성되면 기존에 있던 문제 식행동은 아이와 적절한 상호작용을 통해서 올바른 방향으로 개선됩니다.

부모는 아이 식행동의 잘잘못을 가리는 것이 아니라, 문제 식행동에서 긍정적인 변화를 끌어내는 역할을 해야 합니다. 예컨대 편식하던 아이가 골고루 먹게 되고, 끼니때 먹지 않고 돌아다니던 아이가 자리에 앉아 30~40분간 식사에 집중하게 되는 변화이지요. 행동이 옳으냐 그르냐를 따지는 것이 아니라 행동을 변화시키는 것이 문제 해결의 핵심입니다.

아이의 행동에서 긍정적인 변화를 끌어내는 데 가장 중요한 역할을 하는 것은 아이의 자율성입니다. 먹는 문제에 관한 아이의 자율성은 아이가 스스로 결정하고 행동해야 하는 부분을 남겨두어야 키울 수 있습니다. 아이를 키울 때 자율성을 가르치는 것은 단지 먹는 문제를 해결하기 위해서만이 아닙니다.

원칙에 따라 스스로 통제하고 절제할 수 있는 아이는 어릴 때부터 주장이 분명하고 어떤 일이든 해내고자 하는 의지가 강합니다. 여기에 특정한 분야의 전문 지식과 사회성이 결합되면 사회에 필요한 뛰어난 인재로 자랄 수 있겠지요. 그러나 자율성은 가르쳐준다고 해서 짧은 시간에 배울 수 있는 것이 아닙니다. 아주 어렸을 때부터 선택과 책임을 경험하고 훈련하면서 습득되는 것이지요.

먹는 문제에 관련된 자율성도 마찬가지입니다. 어릴 때부터 선택할 여지를 늘 남겨줌으로써 자율성을 키울 수 있도록 해줘야 청소년기를 거치면서 스스로 올바른 먹거리를 선택하고 결정하는 능력을 갖출 수 있습니다. 이때 선택의 폭은 부모가 어느 정도 개입해서 결정해야 합니다. 부모는 올바른 길과 방향을 제시하고 바른 원칙의 범위 안에서 아이가 선택할 수 있도록 교육하면 됩니다.

아이의 결정권을 허락한다는 것은 아이를 부모와 동등한 인격체로 인정할 때 가능합니다. 부모 자식의 관계는 인간 대 인간의 관계로 확대하고, 아직은 어리고 부모 슬하에 있을지라도 아이를 독립적인 인격체로 받아들여야 합니다. 아이는 자기 생각과 행동을 인정받으면서 다른 사람의 생각도 인정하고 배려하는 것을 배웁니다.

아이의 행동 관찰하기

아이와 엄마의 관계 개선의 핵심은 아이의 행동을 관찰하는 것입니다. 아이의 표정, 말, 행동을 아이의 관점에서 면밀하게 들여다보는 것이죠. 우리 아이가 어떤 기질을 타고났고 먹는 문제에 관해서는 어떤 호불호가 있는지 아는 것이 문제를 파악하는 첫 번째 단계입니다. 지적하지 말고 부모의 생각을 먼저 말하지 말고 지켜보세요. 관찰한 시간이 많을수록, 아이의 입장에서 고민한 시간이 많을수록 문제를 해결하는 데 걸리는 시간은 짧아집니다.

행동 하나를 변화시킴으로써 그로 인해 야기된 여러 문제가 단번에 해결되는 것을 경험할 수도 있습니다. 아이의 돌출 행동은 대부분 이유가 있고 부모는 그것을 찾아내기만 하면 됩니다. 아무 이유 없이 안 먹는 아이는 없습니다. 이유를 모를 뿐이지요.

아이는 지금 이 순간에도 발전하고 자라고 있습니다. 문제를 알아챘을 때 이미 해결되어 있을 수도 있지요. 사실 문제 대부분은 자라면서 좋아집니다. 오히려 부모가 아이의 문제에 너무 깊이 끼어들어서, 간혹 넘어뜨리지 않아야 할 도미노의 시작 돌을 건드려 문제를 만들기도 합니다. 좋은 의도로 시작했더라도 나쁜 결과를 낼 수도 있습니다.

부모는 아이가 잘 자라도록 적당한 틈을 유지하면서 사랑하는 마음으로 아껴주면 됩니다. 아이에 대해 가장 잘 알고 잘 이해하고, 대처할 수 있는 사람은 다른 누구도 아닌 엄마, 아빠입니다.

아이의 행동 받아들이기

세상에는 옳고 그름의 기준이 많습니다. 내게는 문제인 상황이 다른 사람에게는 아무런 문제가 되지 않는 일도 많습니다. 엄마가 생각한 아이의 문제가 성장과 발달에 나쁜 영향을 주지 않을 수도 있습니다. 이러한 경우는 아이와 좋은 관계를 유지하면서 인정해주어야 합니다. 아이의 행동을 객관적인 눈으로 바라보고 인정해야, 이 상황이 과연 교정해야 할 문제인지 아닌지를 정확히 파악할 수 있습니다.

부모는 아이의 기질을 가장 잘 파악할 수 있는 사람입니다. 아이의 성장에 문제가 생길 수 있는 상황이라면 엄마가 나서야겠지요. 어려움이 있다면 전문가의 도움을 받아 빠르고 효과적인 방법으로 긍정적인 결과를 만들 수 있습니다.

식행동은 먹는 과정에서 아이가 익힌 행동 방식입니다. 즉, 연습하면 배울 수도 바뀔 수도 있다는 의미입니다. 아이의 기질을 낙관적으로 받아들이고 식행동 훈련을 하면 됩니다. 이때 낙관성은 재미에서 온다는 것 명심하고요. 재미있게 가르치고 사랑하면 반드시 달라진다는 확신을 가지세요.

아이의 행동에 반응하기 - 반응적인 부모 되기

아이의 행동에 반응한다는 의미는 아이와 상호작용을 한다는 뜻입니다. 반응적인 부모는 아이의 주도적인 행동에 따뜻함과 관대함으로 즉각 반응합니다. 어른이 생각하는 방식이 아닌 아이가 느끼고 활동하는 세계의 언어와 방식으로 이해합니다. 이때 아이의 특성, 발달 정도나 흥미, 기질 등에 맞추어 반응해주세요. 이것은 부모만이 할 수 있는 일이지요. 반응을 잘하는 부모는 내 아이의 행동 특성을 주로 생물학적 성향(타고난 성향)으로 이해합니다. 대치해 싸우기보다 아이의 기질을 적절히 수용하는 여유가 있고요.

아이의 요구사항을 인정하되 일정한 거리를 유지하고 유연하게 대처함으로써 아이의 기질에 맞게 대응하는 것입니다. 이때 가장 중요한 것은 부모의 정서와 감정입니다. 안정되고 즐거운 정서는 문제 해결의 유연성을 줍니다.

안 먹는 아이의 유형을 확인하고 아이의 유형에 맞는 방법을 찾으세요. 부모는 끊임없이 시험을 치르는 수험생과 같습니다. 아이의 문제를 해결하고자 할 때 가장 필요한 것은 즐거운 마음과 반드시 해결할 수 있다는 확신입니다.

이제 안 먹는 아이를 골고루 잘 먹는 아이로, 몸과 마음이 건강한 아이로 키울 자신이 생겼길 바랍니다.

부록

아이를 위해
엄마가 알아야 할 영양 상식

1. 건강한 생활을 위한 필수 영양소

영양소의 기능과 식품 섭취의 중요성

우리 몸은 몸을 만들고 유지하는 데 필요한 원료 성분과 활동에 필요한 에너지를 외부로부터 공급받아야 한다. 이러한 원료가 되는 것이 식품 속 영양소다. 영양소들은 인체에서 하는 역할이 각기 다르므로 건강한 신체를 유지하기 위해서는 필수 영양소인 단백질, 탄수화물, 지방, 비타민, 무기질을 골고루 섭취해야 한다.

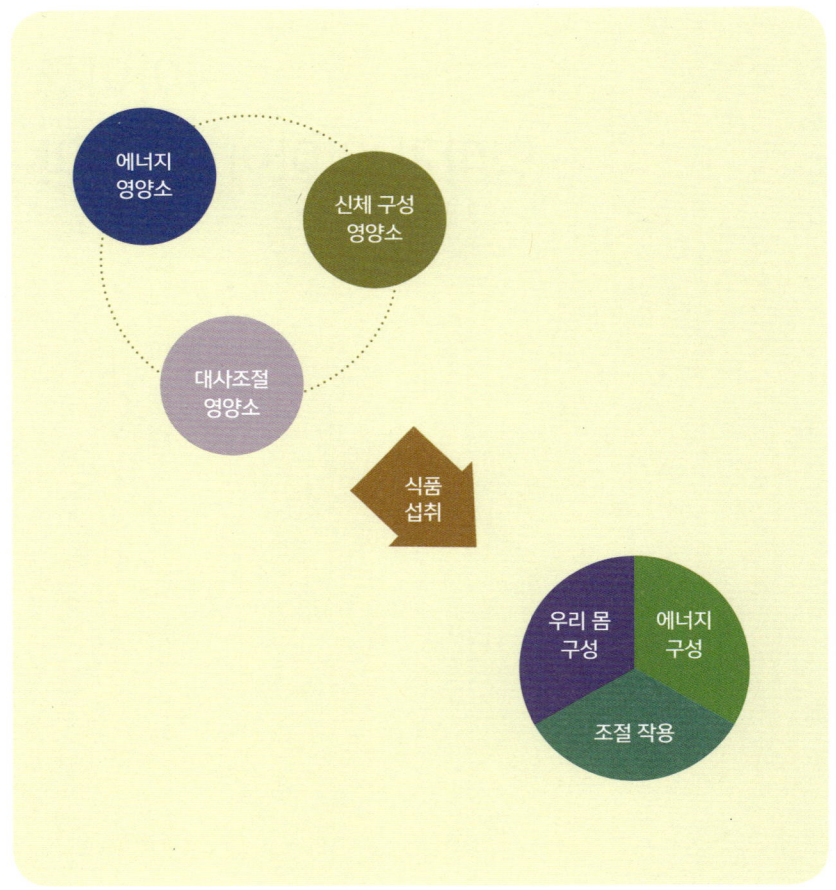

필수 영양소의 기능과 영양소별 대표 식품

영양소		기능	식품
탄수화물		에너지 공급	밥, 빵, 국수, 감자, 고구마, 옥수수 등
단백질		뼈와 근육 구성 생명활동 조절 면역력 에너지 공급	육류, 계란, 생선, 두부 등
지방		에너지 공급 세포막과 신경조직 구성	동물성 기름, 식물성 기름
비타민	비타민A 비타민C 비타민E	항산화 작용	• 비타민A: 계란, 녹황색 채소, 해조류, 과일 • 비타민B: 곡류, 육류, 유제품 • 비타민C: 과일, 채소 • 비타민D: 강화 우유 • 비타민E: 견과류, 식물성 기름 • 비타민K: 녹색 채소, 콩류
	비타민A 비타민D	시각 및 조절 작용	
	비타민B 비타민K	물질대사에 관여	
무기질	칼슘, 인, 마그네슘	뼈와 치아 구성	• 칼슘: 우유, 멸치, 순두부 등 • 철: 붉은살 생선, 계란 노른자 • 아연: 동물성 식품
	나트륨, 칼륨	신경자극 전달, 삼투압 조절	
	철분	헤모글로빈 성분	
	아연	면역기능	

2. 균형 잡힌 영양 섭취를 위한 식품 선택법

우리 몸에 필요한 영양소를 충분히 섭취하기 위해서는 어떤 식품을 얼마나 먹어야 할까? 아이의 하루 단백질 권장량이 50g이라는데 이를 섭취하기 위해서는 어떤 식품을 얼마나 먹여야 할까? 궁금하기는 한데 정확한 답을 찾기가 어려워 답답할 때가 있다. 이럴 때 우리 몸에 필요한 영양소 및 영양이 비슷한 식품을 모아 6가지로 분류해 한눈에 볼 수 있게 정리한 '식품군' 자료를 활용하자.

6가지 식품군을 모두 섭취하자

우리 몸에 필요한 영양소들을 골고루 섭취하는 식생활을 하려면 매 식사에 6가지 식품군을 섭취해야 한다. 식품군마다 주요 영양소가 다르므로 다음에 소개하는 영양소와 식품을 참고하자.

- **곡류**   탄수화물
- **채소류**   비타민, 무기질, 식이섬유소
- **유제품류**   칼슘, 비타민B_2
- **어육류**   단백질, 철분, 아연, 비타민B_1
- **과일류**   비타민, 무기질, 식이섬유소
- **유지 및 당류**   지방, 비타민E, 당류

한 식품군 내에서도 특성이 다른 식품을 다양하게 선택하자

같은 식품군이라도 함유된 영양소와 함량이 각기 다르므로 같은 식품군 내에서도 서로 다른 식품을 섭취하는 것이 좋다. 예를 들면 미국의 'Five A Day' 식습관 운동에서는 매일 다섯 가지 다른 색의 채소를 섭취하라고 권한다. 색이 다르다는 것은 들어 있는 영양소도 다르다는 것을 의미한다. 장을 볼 때 무엇을 살지 고민이 된다면 화려하고 다양한 색으로 장바구니를 채우자. 하루에 30종 이상의 식품을 섭취하도록 노력하자.

식품군별 세부 식품

식품군	세분화	섭취
곡류	· 곡류: 백미, 현미, 찹쌀, 밀, 보리, 메밀 · 감자류: 감자, 고구마	곡류는 에너지뿐 아니라 비타민과 섬유질을 공급한다. 비타민과 섬유질 섭취 면에서는 도정을 덜한 현미류가 좋으나 12개월 미만의 아기는 소화 흡수가 어려우므로 많은 양을 주는 것은 바람직하지 않다.
어육류	· 육류: 쇠고기, 돼지고기, 가금류 · 생선류: 흰살생선, 등푸른생선 · 해물류: 갑각류, 연체류, 조개류 · 난류 · 대두	어육류는 단백질과 무기질, 비타민 등의 중요 공급원이다. 식품마다 각 영양소의 함량 차이가 많이 나므로 다양하게 섭취하는 것이 좋다.
채소류	· 흰색 채소: 무, 배추, 마늘, 버섯 · 녹색 채소: 다양한 녹색 잎채소, 녹색 해조류 · 붉은색 채소: 당근, 파프리카, 가지, 붉은색 해조류	채소와 과일에는 다양한 비타민이 들어 있다. 색 성분에는 항산화 기능을 하는 성분이 있으므로 여러 가지 색의 채소와 과일을 섭취하는 것이 좋다.
과일류	사과, 오렌지, 포도 등	
유지 및 당류	견과류, 참기름, 들기름, 콩기름, 올리브기름,	기름은 필수지방산의 주요 공급원이다. 오메가3, 오메가6, 모노불포화지방산 등 여러 필수지방산 섭취를 위해 요리할 때 다양한 기름을 사용하는 것이 좋다.

식품구성 자전거 구성의 이해

(출처: 보건복지부, 2015 한국인 영양소 섭취기준)

3. 어린이에게 부족하기 쉬운 중요 영양소

① 칼슘

- **기능**   칼슘은 많은 사람이 알고 있듯이 뼈와 치아의 성분으로 아이들 키 성장에 중요한 작용을 한다. 그 외에도 혈액응고, 신경전달, 근육수축 및 세포 대사과정 등 우리가 흔히 알고 있는 것보다 많은 역할을 한다.
- **부족할 수 있는 아이**   칼슘은 우유에 가장 많이 들어 있다. 우유를 매일 1~2컵씩 먹는 아이는 칼슘 부족의 염려가 없으나 우유를 싫어해 잘 먹지 않는 아이의 경우에는 칼슘 섭취량이 부족할 수 있다.
- **칼슘이 많은 식품**   우유 대신 섭취할 수 있는 식품으로는 치즈, 순두부, 멸치, 마른 새우 등이 있다. 멸치는 국물을 내서 국물만 먹는 경우 칼슘을 섭취했다고 할 수 없다. 멸치나 마른 새우는 볶아서 통째로 먹어야 한다.
- 어린이 칼슘 권장 섭취량

구분	권장 섭취량
6~11개월 영아	300mg
1~5세 유아	500~600mg
6~11세 학령기	700~800mg

- 식품별 칼슘 함량

제시한 식품의 양은 아이가 1회 식사 시 섭취할 수 있는 분량

② 철분

- **기능** 철분은 혈액의 헤모글로빈 성분이며 체내에서 산소를 조직으로 이동·저장하는 역할을 한다. 성장기에는 새로운 헤모글로빈의 생성 속도가 빠르고, 근육이 증가하므로 성인보다 절대적으로 많은 양의 철분이 필요하다.

- **부족할 수 있는 아이** 모유를 먹으면서 이유식을 잘 먹지 않는 아이들은 철 결핍성 빈혈의 위험이 크다. 모유의 철분은 흡수량이 많기는 하지만 철분 함량이 매우 낮아서 권장 섭취량의 10% 이하를 공급한다. 이유식 진행이 안 되는 9개월 정도의 영아는 철분 검사를 하여 빈혈 여부를 확인해보는 것이 좋다. 음식은 먹지 않고 과량의 우유나 음료만을 섭취하는 유아의 경우 철 결핍에 의한 빈혈이 생길 수 있다. 이러한 증상은 2~4세의 어린이들에게서 흔히 나타난다.

- **철분이 많은 식품** 철분 함량이 높은 식품으로는 철분 강화식품, 살코기, 진한 녹색 채소 등이 있다. 철분 흡수율을 높이기 위해서는 비타민C가 풍부한 식품을 함께 먹는 것이 좋다.

- **어린이 철분 권장 섭취량**

구분	권장 섭취량
6~11개월 영아	6mg
1~5세 유아	6mg
6~11세 학령기	8~10mg

- **식품별 철분 함량**

제시한 식품의 양은 아이가 1회 식사 시 섭취할 수 있는 분량

③ 아연

- **기능** 아연은 DNA 합성에 관여하기 때문에 성장과 면역에 필수적인 영양소다. 또한 신체 기능을 조절하는 효소의 구성 성분이고, 우리 몸을 구성하는 기본 단위인 세포막 형성에 관여하여 신체 기능 유지에 꼭 필요하다. 개발도상국에서는 아연 부족으로 많은 아기가 사망하고 있다.
- **부족할 수 있는 아이** 아연은 주로 동물성 식품에 들어 있어서 동물성 식품 섭취가 부족한 아이의 경우 아연 섭취량 또한 부족하다.
- **아연이 많은 식품** 아연의 주된 공급원은 동물성 식품이다. 식물성 식품은 아연의 함량이 낮지만 전곡류와 콩류 등은 우리 식생활에서 섭취량이 많은 편이라 아연의 좋은 급원 식품이다. 참고로 아연은 배아나 외피에 많이 분포되어 있어서 도정하는 과정에 많이 손실된다.
- **어린이 아연 권장 섭취량**

구분	권장 섭취량
6~11개월 영아	3mg
1~5세 유아	3~4mg
6~11세 학령기	5~8mg

- **식품별 아연 함량**

제시한 식품의 양은 아이가 1회 식사 시 섭취할 수 있는 분량

④ 비타민A

- **기능**   비티민A는 시각 작용에 필수적인 영양소다. 어린이에게는 시각 작용뿐 아니라 세포 분화에 중요한 역할을 하는 영양소로 태아와 영아 성장에 매우 중요한 역할을 한다. 개발도상국에서는 비타민A 결핍으로 많은 태아와 영아가 사망하는 것으로 보고되고 있다.

- **부족할 수 있는 아이**   비타민A는 동물성이나 식물성 식품 모두에 들어 있어서 골고루 먹는 아이들에게는 부족할 위험이 적다. 음식을 잘 안 먹는 아이의 경우 전체적으로 영양 섭취량이 적어 결핍될 수 있다.

- **비타민A가 많은 식품**   어류, 달걀(노란자), 유지방을 함유한 유제품, 녹황색 채소(당근, 늙은호박), 오렌지류(귤, 오렌지) 등에 많이 포함되어 있다. 비타민A는 기름에 녹는 지용성 비타민으로 기름을 뺀 무지방 우유에는 거의 없다.

- **어린이 비타민A 권장 섭취량**

구분	권장 섭취량
6~11개월 영아	450μg
1~5세 유아	300~350μg
6~11세 학령기	400~600μg

- **식품별 비타민A 함량**

제시한 식품의 양은 아이가 1회 식사 시 섭취할 수 있는 분량

⑤ 엽산

- **기능** 엽산은 비타민B 복합체의 하나로 체내에서 적혈구가 만들어지는 골수와 같이 세포가 빠르게 분화되는 조직에 중요한 역할을 한다. 성장이 빠른 태아기나 임신기에 엽산이 부족하면 신경관 손상으로 기형아를 출산할 확률이 높아진다. 엽산 부족 시 세포분열에 이상이 생기고 빈혈도 생길 수 있다. 성장이 빠른 유아와 어린이는 성인보다 더 많은 양이 필요하다.

- **부족할 수 있는 아이** 식물의 잎을 의미하는 단어에서 영양소의 이름을 따온 것으로도 알 수 있듯이 엽산은 채소에 많이 들어 있다. 채소를 먹지 않는 아이는 엽산이 부족할 위험이 크다. 결핍되면 빈혈이나 혈소판 감소를 일으킨다.

- **엽산이 풍부한 식품** 엽산은 녹색 잎에 주로 들어 있는 영양소로 브로콜리나 시금치와 같은 짙푸른 잎채소에 풍부하고, 그 외 오렌지 주스에도 풍부하다.

- **어린이 엽산 권장 섭취량**

구분	권장 섭취량
6~11개월 영아	80μg
1~5세 유아	150~180μg
6~11세 학령기	220~300μg

- **식품별 엽산 함량**

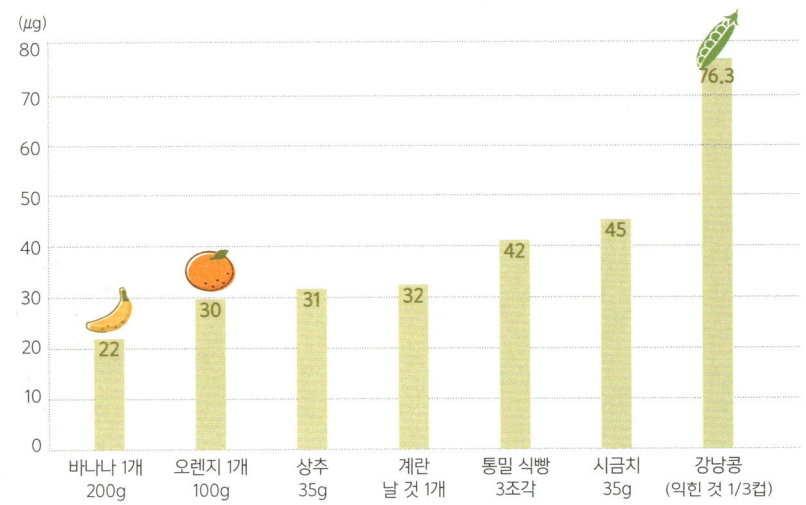

제시한 식품의 양은 아이가 1회 식사 시 섭취할 수 있는 분량

4. 우리 몸에 꼭 필요하지만 주의해야 할 소금과 나트륨

소금은 나트륨(Na, 40%)과 염소(Cl, 60%)로 이루어진 염화나트륨(NaCl)으로 소금 5g은 나트륨 2,000mg과 동일 함량으로 계산한다.

나트륨은 우리 몸속에서 수분량을 적당하게 유지시키고 소화된 영양소를 잘 흡수하도록 돕는다. 근육이 잘 움직일 수 있도록 신경 신호를 전달하는 데도 관여한다.

나트륨은 매우 적은 양으로도 체내 작용을 하므로 우리 몸에 많은 양이 필요하지 않다. 세계보건기구(WHO) 및 우리나라에서는 만성질환 예방을 위해 하루 나트륨 섭취 목표량을 2,000mg으로 정했다. 우리나라 1인 1일 나트륨 섭취량은 4,878mg(2010년 기준)으로 권장량에 2.4배 이상을 섭취하고 있다.

나트륨을 과잉 섭취하면 골다공증, 고혈압, 심장병, 뇌졸중, 위암, 만성신부전 등의 질병을 초래할 수 있으므로 섭취에 주의를 요한다. 아래의 표에 정리한 조미료나 기본 식품의 나트륨 함량를 참고해 섭취량을 조절하도록 하자.

소금 1g(=나트륨 400mg)에 해당하는 양

구분	양
멸치다시다	2.5g
조미료	5.0g
국간장	5.5g
양조간장	6.7g
된장	9.0g
고추장	12.1g
쌈장	12.2g
청국장	18.0g
토마토케첩	30.3g
버터	54.2g
마요네즈	87.9g
마가린	88.3g